Berufe für Philosophen

BERUFE für
Philosophen

Herausgegeben
von Helge Klausener

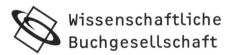
Wissenschaftliche
Buchgesellschaft

Die Deutsche Bibliothek verzeichnet diese Publikation
in der Deutschen Nationalbibliografie;
detaillierte bibliografische Angaben sind im Internet über
http://dnb.ddb.de abrufbar.

Das Werk ist in allen seinen Teilen urheberrechtlich geschützt.
Jede Verwertung ist ohne Zustimmung des Verlags unzulässig.
Das gilt insbesondere für Vervielfältigungen, Übersetzungen,
Mikroverfilmungen und die Einspeicherung
in und Verarbeitung durch elektronische Systeme.

© 2004 by Wissenschaftliche Buchgesellschaft, Darmstadt
Redaktion: Katharina Gerwens
Umschlaggestaltung: Peter Lohse, Büttelborn
Umschlagabbildung: DigitalVision
Gedruckt auf säurefreiem und alterungsbeständigem Papier
Printed in Germany

www.wbg-darmstadt.de

ISBN 3-534-18067-4

INHALTSVERZEICHNIS

Vorwort 7

Sabine Susanne Borgard
Souverän in der Erwerbswelt 10
Zur Befreiung von normativen Zwängen durch Philosophie

Goetz Erhardt
Schnelles und klares Denken 22
Was von der Philosophie im Arbeitsleben bleibt

Michael Esfeld
**Philosophie als Beruf –
und als Leidenschaft** 31
Die Universitätslaufbahn

Hans-Ulrich Hauschild
**Dienstleistungen für Menschen
am Arbeitsmarkt** 42
Es ist überall nichts in der Welt denkbar was
für uneingeschränkt gut gehalten werden kann
als allein ein guter Wille

Sven Jürgensen
Die Irritation der Philosophie 53
Ein Philosoph auf der Pressebank

Hanna Erdina Lauterbach
**Friede in den Gedanken ist das ersehnte Ziel
dessen, der philosophiert** 65
Berufsweg einer Philosophin

Jörg F. Maas
**Alles Wissen stammt aus Erfahrung –
sagt Kant** 77
Philosophie – Humanität – Non-Profit-Management

Claudia Moser
Sapere aude! 87
Philosophie in der Lebenspraxis

Guntram Platter
Philosophie und/versus Beruf 97
Von der bedingten Vereinbarkeit von Philosophie
und real existierendem Berufsleben

Frithjof Reinhardt
**»Leben ist den Widerspruch
in sich zu haben und ihn auszuhalten«** 109
Philosophie muss zurück auf die Marktplätze

Michael Sahr
Der Börsen-Philosoph 120
Bericht über eine untypische Karriere und darüber,
wie wichtig es ist, auf sein Herz zu hören

Kirsten Vollmer
Der Weg ist das Ziel 132
Oder: Viele Wege führen nach Rom – oder wohin auch immer ...

Literaturhinweise 143
Literaturauswahl 143
Kontaktadressen und Tipps 144

VORWORT

»Die Philosophie ist das Allerernsteste. Aber so ernst auch wieder nicht.« In Anlehnung an dieses Diktum Adornos behaupte ich: »Die Philosophie ist das Alleraussichtsloseste. Aber so aussichtslos auch wieder nicht.«
 Verbindet man die weit verbreitete Skepsis gegenüber dem »Elfenbeinturm«-Fach und die pessimistische Einschätzung der beruflichen Verwertbarkeit seiner Inhalte mit einem Blick auf den Zustand unserer Gesellschaft, erscheint sie zunächst in der Tat als das Alleraussichtsloseste: Wer wahrnimmt, wie geltungssüchtige Politiker Talkshows überschwemmen und jegliche Diskussionskultur mit Füßen treten, wer die zunehmende Ausrichtung der Studiengänge auf das ausschließliche Kriterium arbeitsmarktlicher Verwertbarkeit beobachtet und die damit einhergehenden Finanzierungspräferenzen der politischen Entscheidungsträger, wer schlussendlich Einschaltquoten und Bestsellerlisten unter kulturellen und Bildungsaspekten betrachtet, der wird auf die beruflichen Chancen ausgerechnet der Philosophen keinen Heller setzen.
 Er irrt. Ich führe in diesem Band 12 Zeugen an, die belegen, dass es gerade Philosophen gelingt, eine erstaunliche Bandbreite von Berufsfeldern zu besetzen. Da ist – neben dem Professor als Vertreter der »klassischen« Universitätskarriere – der Börsenberichterstatter ebenso vertreten wie der Stiftungsleiter, die Personalerin wie die Verlagschefin, der selbständige Lebensberater, der Pressemensch, der Unternehmensberater. Sie schildern, wie es ihnen gelungen ist, aus dem Studium der Philosophie, das alle aus Begeisterung für das Fach gewählt haben, berufliche Perspektiven zu entwickeln und das im Studium – neben allem Wissen – erworbene Know-how praktisch einzusetzen; sie weisen nach, dass Philosophen ihre Fähigkeit, den Dingen »auf den Grund« zu gehen, Denkprozesse zu strukturieren, Probleme zu analysieren und Strategien für ihre Lösung zu entwerfen, in vielen Bereichen effizient einbringen und beruflich verwerten können. Allen Autoren geblieben ist dabei die Begeisterung für »ihr« Fach – trotz unterschiedlichster Lebensumstände, Sozialisationen, Arbeitswelten.
 Wer sich also von der Einsicht, dass ein Studium der Philosophie nicht zwangsläufig in einen bestimmten Beruf führt, nicht hat entmutigen lassen, dem eröffnet sich eine Vielzahl von beruflichen Chancen und Wegen.

Fest steht jedoch auch: Die Begeisterung für die Philosophie und ein erfolgreich abgeschlossenes Studium reichen nicht aus, um sich am Markt zu platzieren. Die Hochschulen regen zu Überlegungen über die Verwertbarkeit des von ihnen vermittelten Wissens nur selten an. Wenn Studieninteressierte Fragen zu beruflichen Einsatzfeldern haben oder Hilfestellung benötigen bei der Einschätzung der eigenen Fähigkeiten und Talente, wenn sie berufliche Ziele zu definieren suchen und Zweifel haben, ob dieses Studium das »richtige« für sie ist, erhalten sie in der Regel wenig Unterstützung. Hier kann der Einblick in den Werdegang derer, »die es geschafft haben«, helfen, rechtzeitig Weichen zu stellen.

Was zeichnet die Autoren aus, wie haben sie Arbeitgeber von sich überzeugt? Welchen Mehrwert hatten sie zu bieten, was hat sie dorthin gebracht, wo sie heute sind? Waren weitere Interessensgebiete Ausschlag gebend, Nebenfächer, außeruniversitäre Erfahrungen, war es ihre Zielstrebigkeit und Ausdauer, ihre Überzeugungskraft, ihre Findigkeit, war es schlicht Zufall? Welche Soft Skills haben ihren Erfolg begünstigt, wie wurden sie eingesetzt, wie spiegeln sie sich in Beschäftigungsfeldern und Funktionen? Die Autoren beantworten diese Fragen – mit unterschiedlichen Gewichtungen, ausgehend von ganz unterschiedlichen persönlichen Wertesystemen in Bezug auf den Stellenwert von Arbeit, Beruf, Geld verdienen. Die in den Curricula dargestellten unterschiedlichen Reibungslosigkeiten weisen aber auch darauf hin, dass Erfolg nur selten permanenter Begleiter eines beruflichen Lebensweges ist.

Zweck dieses Bandes ist es also, deutlich zu machen, wie beruflicher Erfolg abhängt vom Studierverhalten, von motivationalen Einstellungen, von Engagement, Selbstbewusstsein und Kommunikationsfähigkeit.

So betrachtet ist der Band mehr als eine beispielhafte Beschreibung offen stehender »Berufe für Philosophen«. Er ist vor allem Anleitung für zukunftsorientiertes Studier- und Arbeitsverhalten, er beschreibt die DOs für eine erfolgreiche berufliche Karriere – und definiert damit auch die DON'Ts: Die eigenen Fähigkeiten, die eigene Lust für das Fach mit den Voraussetzungen anderer zu vergleichen, kann auch zu der Erkenntnis führen, dass man den Anforderungen eben nicht gewachsen ist. Auch dann hat das Buch seinen Zweck erfüllt, denn rechtzeitige Einsicht kann den Weg in die Sackgasse vermeiden helfen: Wer Philosophie studiert oder dies erwägt, sollte auch den kategorischen Imperativ des Gnóthi s'autón beherzigen.

Eine zentrale Aussage durchdringt jeden einzelnen Beitrag: Niemand kommt auf sich allein gestellt zum Ziel. Immer ist Kommunikation gefragt: Kontakte, Beziehungen, Kooperationen, Netzwerke haben in unserer (Berufs-)Welt überragendes Gewicht, sind conditiones sine quae non. Kommunikationschancen klug, furchtlos und zielgerichtet zu nutzen ist unabdingbare Erfordernis für Erfolg. Das Zustandekommen dieses Bandes beweist dies: Nur mit Hilfe vieler Freunde und Kollegen, nur durch die Ansprache vieler hilfsbereiter und kompetenter Menschen, denen ich hiermit den geschuldeten Dank abstatte, war es mir möglich, die hier vorgestellten Autorinnen und Autoren zu finden.

Diesen ist nicht nur zu danken, weil sie bereit waren, sich und ihre Karriere darzustellen und dabei oft auch sehr Persönliches preiszugeben – alle haben durch ihre »Schreibe« zu einem Buch beigetragen, das, so hoffe ich, nicht nur Erkenntnisgewinn bietet, sondern auch spannend zu lesen ist.

Helge Klausener

Der Herausgeber

Helge Klausener, geboren 1950, verheiratet. Nach dem Abitur an einem humanistischen Gymnasium in Düsseldorf Studium der Angewandten Sprachwissenschaften an der Universität Mainz (Spanisch und Italienisch mit den Nebenfächern Philosophie und Wirtschaftswissenschaften). Nach dem Diplom freiberufliche Tätigkeit als Übersetzer. 1978 Einstieg bei der Bundesanstalt (heute Bundesagentur) für Arbeit (BA) als Vermittler für Geistes- und Sozialwissenschaftler in Frankfurt am Main; im Rahmen dieser Tätigkeit 1986 Teilnahme am Austausch zwischen den Arbeitsverwaltungen der EU in Italien, 1989 Vermittler bei der Deutschen Kommission der BA in Rom. Von 1991 bis 1996 Berufsberater für Abiturienten und Hochschüler in Korbach. Seit 1996 Berater im Hochschulteam der Agentur für Arbeit Darmstadt. Hauptaufgaben sind hier die strategische Beratung von Hochschulabsolventen beim Einstieg ins Berufsleben sowie die Unterstützung von Arbeitgebern in der Akademiker-Akquise. Seit 1997 Trainer in der internen Weiterbildung für Berater in der Hochschularbeit der BA, seit 2002 Gremienarbeit im Rahmen der Reform der BA.

SABINE SUSANNE BORGARD

Souverän in der Erwerbswelt

Zur Befreiung von normativen Zwängen durch Philosophie

Sabine Susanne Borgard, geboren 1964 in Rottweil a. N., verheiratet, 2 Kinder. Studium der Kunstgeschichte, Philosophie und Organisationspsychologie an der LMU München, das sie 1992 mit dem Magisterexamen abschloss. Beschäftigung in mehreren Unternehmen durch die Vermittlung einer Zeitarbeitsfirma. Im September 1992 Einstellung in einem weltweit operierenden Technologiekonzern. Bis März 2003 u. a. Fachleiterin für Verkaufsförderung, Marketingleiterin und Senior University Liaison Manager. Seit April 2003 Geschäftsführerin eines Hotels.

Weichenstellung

Bis zum Abitur hatte ich noch keine eindeutigen Berufsvorstellungen. Indes zeichneten sich bereits meine Neigungen ab, denen schließlich ein flexibles Fächerangebot der Ludwig-Maximilians-Universität in München entgegenkam. Vorbild bei der Wahl meiner Studiengebiete war mein älterer Bruder, der an derselben Universität Geisteswissenschaften studierte und sich danach für eine akademische Laufbahn entscheiden sollte. So fiel meine Wahl auf die Fächer Kunstgeschichte, Philosophie und Organisationspsychologie.

Dank einer nonkonformistischen »Sozialisation« (siehe *Berger/Luckmann: Die gesellschaftliche Konstruktion der Wirklichkeit*), die mir mein Elternhaus vermittelte, ließ ich mich nicht von gängigen Ausbildungsempfehlungen leiten. Ausschlaggebend für die Wahl meiner Studiengebiete war nicht allein der Gedanke, mit welchem Beruf sich später Einkommen erzielen ließe. Im Mittelpunkt stand mein Interesse an Themen, die mich begeisterten.

Während des Studiums erwies sich bald, dass meine geisteswissenschaftliche Fächerkombination »transdisziplinär« ausgerichtete Studien ermöglichte, wobei ich von der Philosophie die Historizität von Wissen und von Kultur erkennen und das ganzheitliche Denken lernte. Ich hatte erkannt, dass ich nur dann an die Ursachen und die Wechselwirkungen noch nicht erschlossener historischer Vorgänge gelangen konnte, wenn ich mich nicht auf die Sicht aus einer Disziplin heraus beschränkte. Tatsächlich halfen mir dann disziplinen-unabhängige Studien, ursächliche Zusammenhänge an der Quelle des Entstehens zu erkennen und neue Einsichten in die Wechselwirkungen des jeweiligen Zeitgeschehens zu gewinnen, die anders nicht zu erreichen sind.

So gestaltet war das Studium der Kunstgeschichte für mich wesentlich ergiebiger und befriedigender als Kunstwerke – wie üblich – auf vorwiegend ikonographischer Grundlage zu ergründen und zu interpretieren. Unter diesen Voraussetzungen drängte sich mir immer wieder das Gebot der Wissbegierigen auf: Begnüge dich nicht damit, *dass* etwas so ist, finde vor allem heraus, *warum* es so ist. Antworten darauf sind zwar meist am schwierigsten zu finden, indes die ergiebigsten; sie stellten sich jedoch erst dann als erkenntnisfortschrittlich und bereichernd heraus, als ich lernte, Forschungen kontextuell und objektiviert durchzuführen, die Ergebnisse verständlich zu formulieren und überzeugend zu begründen. Derart vorbereitet war ich auch gerüstet, mich im Erwerbsleben innovativ durchsetzen und weiterentwickeln zu können.

Selbstfindungsprozess

Schon während meines Studiums bemerkte ich meine Neigungen zur Führung und Organisation von Menschen im Berufs- und Erwerbsleben. Meine Veranlagung und mein Interesse dafür kristallisierten sich im konstruktiven Dialog mit meiner Familie heraus. Mein Vater hat international Betriebe geführt sowie unternehmerisch beraten. Generell sind mir meine Eltern mit hoher »Sozialkompetenz« vorbildlich und fundiert begegnet. Die Sozialkompetenz hat Gerhard Borgard analysiert und reproduzierbar definiert in: *Wirtschaftliche Produktion »Geistiger Güter« in einer selbstbestimmten Erwerbswelt (2003)*. Sozialkompetenz ist nicht nur im Privatleben, sondern insbesondere auch dann unerlässlich, wenn man höhere Berufe und Führungspositionen anstrebt, wie ich bald in der beruflichen Praxis erfahren konnte.

Im Hinblick auf meine derart geförderten Interessen kam auch die Wahl der relativ jungen Disziplin *Organisationspsychologie* nicht überraschend. Dieses Fachgebiet ging Anfang der 60er Jahre aus einer Kombination der

Betriebs-Psychologie und der Betriebs-Soziologie hervor und ist mir durch die Leistungen der Ludwig-Maximilians-Universität in München bekannt geworden. Die Organisationspsychologie ist nicht nur – wie in der Praxis üblich – analytisch und therapeutisch anzuwenden, sondern für alle privaten und beruflichen Lebenslagen von besonderer Bedeutung, wenn es darum geht, Menschen und Organisationen besser durchschauen zu lernen und darauf gestalterisch Einfluss zu nehmen nach dem Motto: Vorbeugen ist besser als heilen.

Rückblickend hat mir das Studium der Organisationspsychologie auch aus einem ganz anderen Grund den Einstieg in die Industrie erleichtert und ermöglicht. Ich wurde dadurch beim Betriebsrat akzeptiert, obwohl ich normalerweise als »fachfremd« zu gelten hatte. Es zeigte sich auch, dass das Thema meiner Magisterarbeit und meine Abschlussnote keinen Einfluss auf meine Einstellung hatten. Vorrangig waren mein persönliches Auftreten und meine geistige Flexibilität und Willenskraft gegenüber den Anforderungen des Unternehmens, und zwar von Anfang an.

Schon während des Studiums hatte ich mir durch Ferienjobs in der Industrie und in einer Kunstgalerie in München erste Eindrücke aus dem betrieblichen Alltag verschafft. Mein Entschluss, gleich nach Beendigung des Studiums zu einer Zeitarbeitsfirma zu gehen, hat sich als ideales Sprungbrett für meine Karriere erwiesen. Sechs Monate wurde ich an verschiedene Unternehmen vermittelt, um jeweils Engpasstätigkeiten zu übernehmen, die mich vielseitig forderten. Zuletzt war ich bei einem Technologiekonzern eingesetzt, der mich bald eingehender zu interessieren begann. Schließlich bewarb ich mich dort für eine feste Anstellung. Bereits nach vier Wochen fruchtete meine Initiative: Ich wurde nahtlos als Festangestellte übernommen, da ich mir durch meinen vielseitigen und geschickten Zeitarbeitseinsatz bereits eine breite Anerkennung bei Führungskräften erworben hatte. So nahm ich im September 1992 meine Erwerbstätigkeit bei diesem Konzern auf, die ich infolge meines ständigen Lerninteresses vielseitig weiterentwickeln konnte.

Nachzutragen wäre noch, dass meine früheren Bewerbungen auf Stellenanzeigen in Tageszeitungen sowie *Initiativbewerbungen* zu keinen positiven Reaktionen geführt hatten, obwohl ich immer versucht hatte, meine Bewerbung gezielt an den Bedürfnissen der Inserenten auszurichten, soweit sie aus den Stellenausschreibungen und weiteren Erkundungen im voraus zu erkennen waren.

Berufliche Stationen

Meine ersten Stationen im Konzern entsprachen klassischen Berufsbildern, wie sie die Betriebswirtschaft vorgibt: Fachleiterin für Verkaufsförderung, Marketingleiterin und Beraterin zur kontinuierlichen Verbesserung der Organisation. In diesen Tätigkeiten lernte ich die betrieblichen Prozesse kennen und die Corporate Identity des Unternehmens zu verstehen; hinzu kam die Unterscheidung und Anwendung des operativen und strategischen Denkens und Handelns. Gleichzeitig studierte ich betriebswirtschaftliche Bücher, die meine Lernfortschritte wesentlich förderten. Richtungsweisend für mich war besonders das Buch von *Philip Kotler: Marketing Management (Dt. Übers. von Heidi Reber)*, und zwar sowohl für mein berufliches Selbstverständnis als auch für meinen Aufstieg im Unternehmen. Vor allem aufgrund meiner schriftlichen Produktionen und meiner Präsentationen gelang es mir schrittweise, meine Stellung im Unternehmen zu verbessern. Hinzu kam 1995 ein Vertriebstraining von sechs Wochen, in dem ich technische Produkte in einer Großstadt zu vermieten und zu verkaufen hatte.

An dieser Stelle möchte ich dem geisteswissenschaftlichen Nachwuchs besonders nahe legen, zuerst die unternehmerische Geschäftspraxis kennen zu lernen, bevor er sich in Werbe- oder PR- und Kommunikationsabteilungen begibt. Nur auf diesem Weg kann man zuerst die komplexen Außensichten und Anforderungen der Unternehmung verstehen lernen, um dann darauf gestaltend Einfluss nehmen zu können.

Vom Februar 1999 bis Ende März 2003 wirkte ich in der Zentrale des Unternehmens als Senior University Liaison Manager. In dieser Position entwickelte und verwirklichte ich in einer ersten Stufe die Idee, durch lokale Kooperations-Zentren des weltweit präsenten Konzerns ein partnerschaftliches Kooperationsmanagement zwischen ausgewählten Universitäten und dem eigenen Unternehmen zu institutionalisieren. Ziel der Zentren ist es, Innovations- und Ausbildungsprojekte zwischen einer Universität und dem Konzern-Unternehmen zu vereinbaren und kontinuierlich zu fördern. Die Zentren haben einen von mir entworfenen Markennamen erhalten, der international geschützt worden ist. In einer zweiten Ausbaustufe, die ich noch vorbereiten konnte, sollten diese Zentren durch ein globales Netzwerk für Innovation regelmäßig miteinander koordiniert werden. Während dieses Zeitabschnittes konnte ich selbstständig in größerem Umfang innovative Vertrags- und Organisationsformen entwickeln und mit Verhandlungsgeschick durchsetzen. Heute bin ich sicher, dass meine Kompetenzen, die ich in diesem Unternehmen erheblich erweiterte, meine weitere berufliche Entwicklung beflügeln werden.

Ende März 2003 verließ ich nach zehn Jahren das Unternehmen, um eine Familie zu gründen und als Geschäftsführerin ein Hotel zu führen. Nun bewährt sich meine berufliche Vielseitigkeit und Selbstständigkeit, die es mir erleichtert, mich zügig in die ergebnisverantwortliche Führung einer Unternehmung hineinzufinden.

Im Rückblick ist mir besonders bewusst geworden, wie allgegenwärtig mir meine philosophische Prägung ist, die sich in allen Bereichen meiner Aktivitäten im Erwerbsleben und in der Gesellschaft kreativ auswirkt. Umso bedauerlicher ist es festzustellen, welch geringe Wertschätzung maßgebende Vertreter aus Politik und Wirtschaft den Geisteswissenschaften entgegenbringen. Diesem ernsten Sachverhalt verleiht der Philosoph Jürgen Mittelstraß besonderen Nachdruck in: *Leonardo-Welt*: »Über den Geistes- und Sozialwissenschaften ruht ein wissenschaftsideologischer Fluch, den Ende der 60er Jahre Charles P. Snow mit seiner Rede von den zwei Kulturen, der naturwissenschaftlichen und der Geisteswissenschaftlichen [...], in die Welt gesetzt hat. Nach Snow ist das Verhältnis beider Kulturen zueinander durch wechselseitige Ignoranz gekennzeichnet, wobei die Geisteswissenschaften schlechter wegkommen als die Naturwissenschaften. Diese ›haben die Zukunft im Blut‹, jene offenbar die Vergangenheit« *(Jürgen Mittelstraß in: Leonardo-Welt, Frankfurt am Main 1992, S. 288)*.

Die »wechselseitige Ignoranz« der Geistes- und Naturwissenschaften wirkt sich nicht zuletzt auf den *Segen und Fluch der Technik* aus. Einerseits ist unsere Gesellschaft auf den Gebrauch der Technik angewiesen. Andererseits hat das *Info- and Eventainment* fatale Folgen, wozu auch die Ruhigstellung der Kinder vor dem Fernseher sowie die Computer-Manie gehören, wie Gerhard Borgard feststellt: »Und schon in der Schule werden Kinder für die Bedienung des Computers gedrillt, ohne dass sie lernen zu verstehen, wie Computerprogramme aus Prozessen entwickelt werden [...]; ist doch das Prozessverständnis eine unabdingbare Voraussetzung im Berufsleben für Innovation« *(Gerhard Borgard: Wirtschaftliche Produktion »Geistiger Güter« in einer selbstbestimmten Erwerbswelt, Wiesbaden 2003, S. 28)*.

Erkenntnisse und Erfahrungs-Werte

Dem geisteswissenschaftlichen Nachwuchs gebe ich zu bedenken, dass Innovation generell der Wissbegier des Menschen entspringt, die seinen Fortschritt von Anfang an bestimmt. Mit den Geisteswissenschaften geht eine *zweckfreie* Denkschulung einher, die überhistorisch grenzenlos auf Erkenntnisfortschritt angelegt ist und eine *Hybridisation* der Denkrichtungen und deren objektive Relativierung mit sich bringt. Hingegen bewegt sich das Systemdenken (etwa der Betriebswirtschaftslehre) in historischen Grenzen.

So ist die Entwicklung des Erkenntnisfortschrittlichen im Erwerbsleben durch das eigene geistige Vermögen gekennzeichnet, das man nach G. Borgard zweckmäßig als »Humanvermögen« bezeichnet. Kraft seines Humanvermögens versteht es der Erfolgreiche, innovative Sach- oder Geistesgüter zu produzieren, die im Wettbewerb am Markt in bezug auf ihr Preis-Leistungs-Verhältnis wertgeschätzt und honoriert werden. Dadurch gelingt es dem Erfolgreichen, seine produzierten Güter in Ertrag umzusetzen: Insofern erweist sich der materielle Wert eines in sich selbst investierten, kreativen und intelligenten Humanvermögens auch als ein »Erwerbsvermögen«, das sich geldwert rekapitalisieren lässt.

Diese Zusammenhänge lassen erkennen, dass die gewählten Vermögensbegriffe kompatibel sind mit dem betriebswirtschaftlichen Kapital-Vermögens-Kreislauf. Auch darin sind für die Vermögenswerte nicht die Buch-, sondern die Marktwerte maßgebend, die sich auf der Basis des Innovationsgrades des betreffenden Vermögens numerisch bilden. Wen wundert es daher, dass der Erfolgreiche über sich nicht mehr als dispositiver Kostenfaktor Arbeit verfügen lässt, sondern sich als ein kreativer und intelligenter Investitionsfaktor Humanvermögen versteht. Mit einem solchen Selbstverständnis ausgestattet, sucht ein vermögender Geisteswissenschaftler nicht etwa einen Arbeitsplatz, sondern begibt sich – selbstständig oder angestellt – in den freien Wettbewerb um hochwertige Produkte geistiger Leistungen, wofür am Markt ein steigender Bedarf zu verzeichnen ist. Darüber hinaus sind die immateriellen Werte nicht zu vernachlässigen, denen sich der geistig rege und vermögende Mensch aufgrund seines Lebenslangenlernens in allen Lebensphasen erfreuen kann.

Unternehmerische Kommunikation

Innovation kann sich nur im Wettbewerb der Technologien durchsetzen. Indes ist für deren Verwirklichung ein Diskurs mit Führungskräften unerlässlich, der durch eine situationsadäquate Kommunikation zu bewerkstelligen ist. Dazu gehören eine überzeugende Präsentation und eine geschickte Rhetorik des Vortragenden, die auf die Interessen und Eigenheiten der Teilnehmer abzustimmen sind. Unter diesen Voraussetzungen steigen die Chancen einer Nachwuchskraft, Ideen und Pläne bei den Entscheidungsträgern sprichwörtlich *an den Mann* zu bringen und zu verwirklichen. Zur Präsentation ist noch hervorzuheben, dass man zum einen die Prozesse in bezug auf Funktion und Zeitverlauf unkompliziert darstellen sowie strategische und operative Ziele klar unterscheiden und herausstellen sollte. Zum anderen ist davor zu warnen, den heute oft präsentierten *Computer-Schnickschnack* nachzuahmen, der kompetente, vor allem hochrangige Adressaten schnell verdrießt. Dazu zählen vor allem die beliebten Animationshilfen, soweit sie zur Wahrung der Corporate Identity der Organisation nicht zu vermeiden sind. Dieses Kapitel kann nicht abgeschlossen werden, ohne hervorzuheben, dass rundum überzeugende Präsentationen des Nachwuchses vor der höheren Führung die beste Empfehlung sind für eine Kandidatur um Aufstiegspositionen.

Weiterhin ist zu bedenken, dass eine erfolgsorientierte Kommunikation nur zu verwirklichen ist, wenn sie auf das Wissen und die Wahrnehmungsfähigkeit der Adressaten abgestimmt ist. Daher ist nicht nur »Der zuhandene Wissensvorrat« *(Alfred Schütz in: Das Problem der Relevanz. Hrsg. u. erl. von Richard M. Zaner, Frankfurt am Main 1971, S. 102)* der Teilnehmer zu erkunden und zu berücksichtigen, sondern ebenso sind deren Verständigungsgewohnheiten zu beachten, die auf ihr Metier zurückzuführen sind. Diese *Verständigungsgewohnheiten* entstehen aus dem ständigen Anpassungsdruck, den die normativen Ordnungssysteme auf das Betriebsleben ausüben und infolgedessen meist (unbewusst) das Verstehen innovativer Impulse verhindern. Sie lassen sich nur unter der Bedingung überwinden, dass es dem Innovator gelingt, diesen (angepassten) Teilnehmern positive »Motivationsrelevanzen« zu verschaffen. Der Innovator muss seine Überzeugungskraft methodisch auf das »Begreifen« und »Verstehen« der Thematik konzentrieren, um erfolgreich zu sein, und zwar derart, wie es uns die *Wissenssoziologie* in den Untersuchungen von Karl Mannheim über

»Das Problem der Interpretation« vermittelt *(Karl Mannheim in: Strukturen des Denkens. Hrsg. von David Kettler, Volker Meja und Nico Stehr, Frankfurt am Main 1980, S. 271 und 272).*

Allein schon an diesen ausgreifenden Herausforderungen ist zu erkennen, dass ein nach Erfolg strebender Nachwuchs kaum eine Anstrengung scheuen darf, sich fundiert vorzubereiten. Wer gute Ideen durchsetzen will, wird zunächst mit erheblichem Mehraufwand *bestraft,* der sich meist erst später als Investition in das eigene Vermögen rentiert.

Problembewältigung im Erwerbsleben

Das Arbeits-, Wirtschafts- und Verwaltungsleben wird von *normativen Ordnungssystemen* geprägt und beherrscht. Von diesen Ordnungssystemen ausgehend nimmt es nicht wunder, darin systemkonforme *Vor-Gesetzte* und *Mitarbeiter* vorzufinden, die sich darin eingerichtet haben. Darum ist es für den Nachwuchs von erheblicher Bedeutung, deren angepasste Charaktereigenschaften und Verhaltensweisen bald zu durchschauen, um sich taktisch-klug rechtzeitig auf diese (organisationspsychologisch) problematische *Umgebung* einstellen zu können.

Nicht ohne weiteres auffallend sind dabei die meist höherrangigen Systembewahrer, deren Verhalten daran zu erkennen ist, dass sich das Ausmaß ihrer Selbstdarstellung umgekehrt proportional verhält zu ihrer defizitären Selbstverwirklichung. Ihre Inkompetenz verschleiern sie durch ihr geltungsbedürftiges Auftreten. Vor allem Führungskräfte, die ihre Mängel *politisch* zu überspielen wissen, sind häufig anzutreffen.

Hinzu kommt, dass die Systembewahrer kaum zu einer visionären Vorstellungskraft fähig sind; sie fühlen sich nur auf eingefahrenen Pfaden sicher. Folglich scheuen sie das Neue und leben ständig in Angst vor Misserfolgen. Die Organisationspsychologie lehrt uns, dass dieser Zustand als Symptom für *Stress* des Betroffenen gilt, der für ihn mit »psychosomatischen« Beschwerden verbunden ist, wenn subjektive Misserfolgserlebnisse sich im Unterbewusstsein einnisten. Die dadurch gekennzeichneten *Bremser* weisen aufgrund ihrer Verhaltensgewohnheiten das Neue zurück, und zwar insbesondere dann, wenn eine ideenreiche Nachwuchskraft eine innovative Problemlösung vorzuschlagen hat, die über ihre Vorstellungskraft hinausreicht und ihnen daher bedrohlich erscheint. Der Nachwuchs sollte sich durch derartige Widerstände, die in der Wirtschaft ebenso wie in der Öffentlichen Verwaltung verbreitet sind, dennoch nicht entmutigen lassen. Denn der Kreative erlebt, wie Gertrud Höhler es in: *Die Zukunftsgesellschaft* formulierte, »seine Idee als ein Stück Wirklichkeit, auch wenn sie noch nicht umgesetzt ist. Was er verteidigt, ist daher nicht ein Luftschloß oder Hirngespinst, sondern imaginäre Realität« *(Gertrud Höhler in: Die Zukunftsgesellschaft, Düsseldorf und Wien 1988, S. 229).*

Falsch wäre es zu verschweigen, dass die normativen Führungssysteme viel Verhaltensspielraum für Charakterschwächen lassen, und zwar zum Nachteil sowohl der Betriebe als auch der Erwerbstätigen. Hervorzuheben sind kontraproduktive Vorschriften, missstimmende Gängeleien, Unterdrückung von Ideen, Macht demonstrierende Repressalien, falsche Zielsetzungen und Personalbeurteilungen, Begünstigung von Mobbing usw. Obwohl die meisten dieser Missstände organisationspsychologisch längst ergründet und thematisiert worden sind, setzt sich diese enorme Verschwendung von Energie und Potentialen von Humanvermögen in den Angestellten- und Beamtenbereichen unvermindert fort. Der *Alte Wein* von Rationalisierungssystemen wird in immer *Neuen Schläuchen* angeboten.

Soweit ich selbst von solchen Misshelligkeiten berührt war, hat mich folgender Hinweis Höhlers ermutigt:

»Mit einer Idee abgelehnt zu werden heißt für den Kreativen, als Person in Frage gestellt zu werden. Dies hängt damit zusammen, daß die kreative Energie eine Mischung aus Ratio und Irrationalität ist, so dass der kreative Einfall tatsächlich zu einer Angelegenheit der ganzen Persönlichkeit des Erfinders wird.«

Wer zwar über eine solche Veranlagung verfügt, indessen kein Geschick zur persönlichen Durchsetzung entwickelt, der wird solchen Widrigkeiten im Erwerbsleben kaum standhalten können. Ermutigende Alternativen für Vorwärtsstrebende wären ein Stellenwechsel oder gar eine Verselbstständigung.

Laufbahn-Strategien und -Probleme

Für den Nachwuchs in der Wirtschaft und Öffentlichen Verwaltung ist es von strategisch größter Bedeutung, spätestens nach fünf Jahren selbst herausgefunden zu haben, ob er aufgrund seiner Neigungen eher für eine *scientific* (bzw. fachliche) oder eine *managerial career* (bzw. führungs-

Zur Befreiung von normativen Zwängen

mäßige Laufbahn) geeignet ist. Denn in einer Laufbahn, für die er nicht geeignet ist, wird der Nachwuchs nicht glücklich. Leider wird in Deutschland in der Wirtschaft kaum und in der Verwaltung überhaupt nicht darauf geachtet. Derartige personelle Fehlentwicklungen haben schwerwiegende Folgen für die Betriebe. Häufig folgt ein *brain drain* von hochwertigen Erwerbstätigen, die bessere Möglichkeiten für ihre Entfaltung und ihr Einkommen in anderen Betrieben oder sogar im Ausland anstreben.

Andererseits, wem eine schnelle Karriere das Wichtigste in seiner beruflichen Laufbahn ist, der muss sich dem System, das er vorfindet, bedingungslos anpassen. Selten sind unter diesen *Karrieristen* begeisterungsfähige und kreative Menschen anzutreffen, sondern eher opportunistische Selbstdarsteller, die genau besehen, eine *Negativauslese* verkörpern. Diesen Sachverhalt macht auch Höhler deutlich: »Der Kampf um Macht und Geltung, der immer auch ein Wettstreit um Aufstiegschancen ist, stimuliert eher Anpassungsbereitschaft gegenüber Vorgesetzten als die Originalität.«

Jeder strebsame Erwerbstätige sollte sich rechtzeitig über sein Verhalten und Vorgehen klar werden. Zwei Wege stehen ihm offen: Entweder ist er bereit, sich einem fremdbestimmten Berufsleben unterzuordnen, oder er verwirklicht seine Selbstbestimmung, um dadurch auch seine Selbstachtung zu sichern. In erstem Fall bedeutet dieses Überangepasstheit, die mit Selbstverleugnung einhergeht; sie wird mit einer Schwächung oder einer Verbiegung des Charakters erkauft. Zu bedenken ist, dass eine vollkommene Unterordnung und Anpassung sowohl die eigene Kreativität als auch auf Dauer das persönliche Wohlbefinden erheblich beeinträchtigen. Dadurch würde sich der erwerbstätige Mensch nicht zuletzt eine latente Unzufriedenheit einhandeln, die gesundheitlich problematisch werden kann, und zwar in Form der erwähnten psychosomatischen Beschwerden.

Im praktischen Erwerbsleben wird der kreative Erwerbstätige gar nicht anders können, als seine Selbstbestimmung zu sichern, denn er kann seine Natur nicht verleugnen. Dies bedeutet aber auch, dass er einen ständigen Kampf mit sich selbst zu führen hat, der von ihm Selbstdisziplin und besondere berufliche Anstrengungen verlangt. Nur Mutigen mit Stehvermögen gelingt es, sich den normativen Systembewahrern zu entziehen und methodisch neue Wege zu beschreiten. Belohnt werden diese Anstrengungen durch die Entdeckung und Erschließung eigener Erfolgspotentiale. Nicht zuletzt gilt für die Kreativen die Einsicht Höhlers (S. 229): »Sie schöpfen aus diesen Widerständen sogar einen Teil ihrer Energie.« Und weiter:

»Er [der Kreative] hat aber von seinen frühen Jahren an mit dem Widerstand seiner Umwelt gegen diese Fähigkeit gelebt. Daher ist sein Beharrungsvermögen besser ausgebildet als das seiner Mitmenschen.«

Taktik zur Ideen-Akzeptanz beim Vorgesetzten

Der Wert einer eigenen Idee ist erst dann zu ermessen, wenn sie in Dokumenten *reproduzierbar* niedergelegt worden ist. Attraktive Dokumente sind die ideale Grundlage, durch diese Produkte (geistiger Leistung) auf den Markt Einfluss zu nehmen, indem man externe Kunden von deren Nutzen-Potential überzeugt und dadurch Bedürfnisse und Bedarf weckt. Auf diesem Weg kann man sich die Chance erwirken, über diese Kunden eine Akzeptanz für sein innovatives Produkt auszulösen, das sonst beim vorgesetzten Systembewahrer kaum eine Erfolgschance hätte. Dabei ist nicht zu unterschätzen, dass dieses Vorgehen nur dann zu empfehlen ist, wenn der *waghalsige Untergebene* genügend Risikobereitschaft und Stehvermögen aufbringen und Rückschläge verkraften kann.

Entwicklung eines Netzwerks

In kritischen Situationen hat mir immer mein persönliches Netzwerk geholfen, das ich mit Führungskräften entwickelt habe, die nicht zu der Kategorie der Systembewahrer hinzuzurechnen sind. Von diesen Personen habe ich in sachlichen und persönlichen Fragen und bei der Vorbereitung wichtiger Entscheidungen wertvolle Unterstützung erfahren. Diese Beziehungen konnten natürlich nur gelingen, nachdem ich feinfühlig jede Gelegenheit wahrgenommen hatte, durch mein Auftreten und meine Vorschläge bei diesen Personen Einfluss zu gewinnen, und zwar eingedenk des Marketing-Akronyms »AIDA« (A = Attention; I = Interest; D = Desire; A = Action). Hinzu kommt, dass man bei jeder Stellenbewerbung auf einen vorbildlichen Vorgesetzten achten sollte, von dem man Förderung erwarten kann.

Entwicklung des Erwerbsvermögens

Mit etwas Phantasie kann man den so genannten »Produktlebenszyklus« (siehe Kotler in: *Marketing Management*) auf die Lebenszyklen von Technologien übertragen; folglich liegt es für den kreativen und intelligenten Erwerbstätigen nahe, sein Human- und Erwerbsvermögen ebenfalls als eine Technologie anzusehen, die ständig wettbewerblich weiterzuentwickeln ist.

Sowohl diesbezüglich als auch zurückkommend auf die Produkte geistiger Leistung, die am Markt als Geistesgüter auftreten (wie z. B. Computersoftware, Forschungsergebnisse, Konstruktionen, Berechnungen, Studien) ist daran zu erinnern, dass auch der Nachwuchs auf seinem gesamten Bildungs- und Berufsweg einem Wettbewerb ausgesetzt ist. Hinzu kommt jedoch das Kriterium Zeitbedarf: Während in den Ausbildungsprüfungen nur die Zeit begrenzt ist, sind im Erwerbsleben der Fertigstellungstermin und der »Wirkungsgrad« bzw. die Effizienz der Dokument-Produktion von hoher wettbewerblicher Bedeutung, und zwar sowohl für jeden Erwerbstätigen selbst als auch für den ganzen Betrieb.

Ähnlich wie in den Einzel-Sportarten sollte der nach Erfolg strebende Erwerbstätige seine *Wettkämpfe* kraft seiner Persönlichkeit und seines Erwerbsvermögens austragen. Unter diesen Voraussetzungen hat er es nicht nötig, sich mit fragwürdigen Personalbeurteilern auseinander zu setzen.

GOETZ ERHARDT

Schnelles und klares Denken – Was von der Philosophie im Arbeitsleben bleibt

Philosophie und Beruf

Goetz Erhardt ist Senior Marketing Manager bei der internationalen Unternehmensberatung Accenture. Der 36-Jährige hat an der Freien Universität Berlin Philosophie studiert und einen MBA der Universität Bradford, Großbritannien. Er spricht regelmäßig auf Fachkongressen und ist Autor mehrerer Fachbeiträge zu Unternehmenskommunikation in Veränderungsprozessen, Strategien kritischer Interessengruppen und Technologiemarketing. Zurzeit arbeitet er als Berater an strategischen Marketing- und Organisationsprojekten.

Die meisten Menschen haben von Philosophie diffuse und klischeebeladene Vorstellungen. Die vielleicht am weitesten verbreitete Meinung ist: Philosophen sind abgehobene Gelehrte, die entweder über Dinge nachdenken, die keine praktische Bedeutung haben oder über die Ergebnisse des Nachdenkens so unverständlich und schwierig schreiben oder sprechen, dass die Relevanz des Themas spätestens dann abhanden kommt. Diese Vorurteile steigern weder das Ansehen der Philosophen noch erleichtern sie unbedingt den Berufsstart in der außerakademischen Welt. Dass dies so ist, haben sich die Philosophen zuallererst selbst zuzuschreiben. Gerade in der deutschen Philosophie gibt es eine lange und wirkungsmächtige Tradition, die dunkle Sprache und umständliche Sätze als untrügerisches Zeichen großen Tiefgangs deutet. Das ist eine irreführende, falsche und weltfremde Ansicht. Klarheit und Wahrheit sind überall nützlich, auch in der Philosophie.

In ihren besten Theorien und Argumenten ist Philosophie zwar harte Kopfarbeit, aber alles andere als realitätsblind, langweilig oder unklar. Im Gegenteil: Ich bin der Meinung, dass in keinem anderen Studienfach (oder Wissenschaft) spannendere Fragen bearbeitet werden können. Und es sind in der Regel ganz praktische und uns allen bekannte Probleme: Sind Menschenrechte allgemein gültig oder kulturabhängig? Lassen sich Denkprozesse und geistige Entwicklungen anhand von physikalischen Vorgängen im Gehirn erklären? Gibt es gerechte Kriege? Ist die Umverteilung von Gütern innerhalb von Gesellschaften und zwischen Nationen zulässig oder sogar erforderlich? Können komplexe Computersysteme denken (oder fühlen)? Die Liste ließe sich beliebig fortsetzen.

Natürlich gibt es – wie in jeder Wissenschaft – auch in der Philosophie hoch theoretische Fragen (beispielsweise was es bedeutet, das Prädikat »wahr« von einer Theorie auszusagen). Mir geht es hier lediglich darum zu zeigen, dass philosophische Fragen mit deutlich höherer Frequenz in der Alltagswelt von Kinoleinwand, Restauranttisch, Politik, Popmusik sowie Wirtschaft und Gesellschaft vorkommen als in akademischen Hörsälen. Der einzige und zugleich wichtige Unterschied ist, dass in den Seminarräumen systematisch und methodisch mit solchen Fragen umgegangen wird.

Eine gängige Meinung über Philosophie – die für diesen Beitrag von zentraler Bedeutung ist – trifft allerdings zu: Philosophische Lehre und Forschung sind ein chaotischer Marktplatz der Lehrmeinungen, Schulen, Dogmen und Eitelkeiten. Das ist bei anderen Studienfächern ähnlich, aber in der Philosophie gibt es weder einen verbindlichen Kanon anerkannter Theorien noch einen Fundus positiven Wissens, den man sich einfach aneignen kann. Diese Tatsache irritiert nicht nur Laien, sondern vor allem Studenten der Philosophie und solche, die es werden wollen. Zudem erklärt dies die vergleichsweise lange durchschnittliche Studiendauer und die hohe Abbrecherquote. Was also kann man in einem Universitätsstudium lernen, dessen Inhalte so ziemlich alles Erdenkliche umfassen, indem es keine etablierten Methoden und Verfahren gibt, und das für nichts außer einer akademischen Laufbahn unmittelbar qualifiziert?

Ich möchte in diesem Beitrag anhand einer biografischen Beschreibung schildern, was ich aus meinem und durch mein Philosophiestudium gelernt habe, was ich im Beruf davon brauchen konnte und was mir im Weg stand. Denn glücklicherweise hat mich der Weg aus dem Elfenbeinturm in eine gut bezahlte Anstellung gebracht (das ist kein Ausnahmefall, viele meiner Kommilitonen haben es auch geschafft). Nicht zuletzt möchte ich aufgrund meiner Erfahrungen eine Empfehlung geben, die Philosophiestudenten hilft, sich im Studium beruflich zu orientieren. Gleichzeitig ist dieser Beitrag ein Plädoyer für das Studium: Wer es will, soll Philosophie studieren – ein spannenderes Fach gibt es nicht.

Schlechte Vorbereitung – Oder: Philosophie ist sexy

Mein Weg zur Philosophie begann im ersten Studienjahr an der Freien Universität Berlin. Ich war für Politikwissenschaften eingeschrieben und hatte meine ersten Seminare besucht, als aufgrund eines Streiks der gesamte Lehrbetrieb eingestellt wurde. Zu diesem Zeitpunkt hatte ich keine klare Vorstellung davon, was ich wirklich studieren, geschweige denn, was ich später einmal beruflich machen wollte. Durch Zufall (Empfehlung eines Freundes) geriet ich eines Nachmittags in ein von Studenten organisiertes Seminar zu John Rawls' *Theorie der Gerechtigkeit*. Ich war sofort gefangen. Die Intensität der Diskussion und das Thema waren genau das, was ich suchte. Hier beschäftigten sich junge Menschen methodisch mit Fragen, die mich schon immer angesprochen hatten. Im Gegensatz zu anderen Studienfächern war Philosophie wirklich sexy. Kurz darauf war ich für das Philosophiestudium eingeschrieben. Somit wusste ich nun, was ich studieren wollte; ein Berufsziel hatte ich immer noch nicht. Diese grenzenlose Naivität hinsichtlich der Möglichkeiten und der Notwendigkeit künftiger Einkommensquellen teilte ich mit der Mehrzahl meiner Kommilitonen. Dass diese schlechte Vorbereitung und Blindheit sich später nicht in Form von Arbeitslosigkeit gerächt haben, ist in aller erster Linie Glück, Neugier und später Einsicht in die Notwendigkeiten geschuldet.

Der Elfenbeinturm

Die Ignoranz gegenüber profanen Dingen wie einem späteren gesicherten Auskommen wurde durch das Studium bestärkt. Zwar war und bin ich fest davon überzeugt, dass Philosophie nur durch die Verbindung zu praktischen Fragen und Empirie eine wissenschaftliche Bedeutung erlangt; die universitäre Praxis philosophischer Forschung und Lehre ist in der Regel aber Fragen der ökonomischen Verwertbarkeit dieser Verbindung gegenüber ziemlich unaufgeschlossen. So wurde den Studenten – wenn einmal die Gretchenfrage »kann man damit Geld verdienen?« gestellt wurde – halblaut etwas davon berichtet, man könne außer an der Universität möglicherweise in Verlagen, bei Zeitungen oder Ähnlichem arbeiten. Und zudem würden ohnehin nur maximal fünf von hundert Philosophiestudenten ihren ersten Abschluss machen, da blieben dementsprechend genug Möglichkeiten für diejenigen, die es soweit brächten. Diese Auskünfte befriedigten die meisten, denn eigentlich – so scheint es mir zumindest im Rückblick – wollten wir es so genau ja auch nicht wissen.

Das zentrale Problem dieses nachlässigen Umgangs mit der Berufsfrage war und ist jedoch, dass in einer arbeitsteiligen Gesellschaft in der Regel Spezialisten gesucht werden und eben keine Generalisten, deren Fähigkeiten nicht unmittelbar in Produktionsprozesse einzubinden sind. Zwar ist das spezifisch philosophische Vorgehen und Argumentieren einigen generalistischen Tätigkeiten durchaus verwandt – so zum Beispiel politischer Auseinandersetzung, einigen Gebieten strategischer Unternehmensführung, beratenden Funktionen sowie journalistischer Arbeit –, aber der Einstieg in diese Bereiche beruht häufig auf einer berufsnahen Fachausbildung. Es genügt eben nicht, Argumente und Konzepte sezieren zu können, auf verborgene Voraussetzungen zu prüfen und zu kritisieren, sondern dies muss in einem fachlichen Kontext erfolgen, um einen ökonomischen Mehrwert zu schaffen.

Dessen ungeachtet: Für mich war die Frage nach dem beruflichen Fortkommen erstmal erledigt. Mein Ziel war es, den Magister zu machen, danach eine Promotion und schließlich als Universitätsprofessor ein ordentliches Auskommen und Ansehen zu erlangen. Also konzentrierte ich mich vorerst auf die Philosophie. Ich besuchte zahllose Seminare und arbeitete mich durch klassische Texte, neuzeitliche Philosophie, bedeutungsschwere deutsche Metaphysiker und vieles mehr. Konstant blieb meine Leidenschaft für politische Philosophie, Wissenschaftstheorie und Kognitionsforschung.

Im Laufe der Zeit erkannte ich, dass ich die so genannte ›analytische Philosophie‹ den eher literarischen und tiefsinnigen Varianten eindeutig vorzog. Die grundsätzliche Idee, dass philosophische Theoreme klar und logisch aufgebaut, mit empirischen Erkenntnissen im Einklang und vor allem kritisierbar sein müssen, schien mir wissenschaftlicher und praxisrelevanter als die teilweise anzutreffenden esoterischen Lehrer-Schüler-Beziehungen der metaphysischen Schulen. Und nicht zuletzt bot die analytische Philosophie die Möglichkeit, mit anderen Disziplinen in einen konstruktiven und Gewinn bringenden Austausch zu treten.

Nach Beendigung des Grundstudiums konzentrierte ich mich auf zwei zentrale Themenblöcke: Einerseits Fragen der politischen Philosophie, insbesondere Verteilungsgerechtigkeit, Rechtstheorie und Wahlverhalten; andererseits auf das ehrwürdige Leib-Seele-Problem, also Kognitionsforschung und philosophische Psychologie. Bei beiden Themen hatte ich das große Glück, interessante und kompetente Lehrer zu haben. In interdisziplinären und fachspezifischen Seminaren lernte ich unter anderem die amerikanischen Philosophen John Searle und Daniel Dennett sowie den englischen Denker Jonathan Glover kennen. Neben den theoretischen Ansätzen und eindringlichen Argumenten waren es insbesondere die Vermarktungsstrategien und die Selbstdarstellung der angelsächsischen Philosophen, die mich faszinierten.

Da war wenig von dem mitleidigen Getue um die schwindende Bedeutung der Geisteswissenschaften zu hören, stattdessen ein frisches Denken, das sich durchaus selbstbewusst zu inszenieren wusste und zu überzeugen versuchte. Dieses Bewusstsein, dass die beste Theorie wenig taugt, wenn sie keiner kennt; und dass, wenn die Verpackung so bieder wie ihr Inhalt daherkommt, die Rezeption mit an Sicherheit grenzender Wahrscheinlichkeit auf eine Handvoll akademischer Spezialisten beschränkt bleibt, war in der deutschen Philosophie der späten 80er und 90er Jahre wenig verbreitet. Zwar gab und gibt es genügend populärphilosophische Werke, die dem Leser suggerieren, er könne ohne eigene Denkarbeit Philosophie verstehen – so beispielsweise der Bestseller *Sophies Welt* des Norwegers Jostein Gaardner, der Philosophie als eine oberflächliche Abfolge großer Denker darstellt –, damit ist aber in den seltensten Fällen die Absicht verbunden, ernsthaft, wirkungsvoll und aktiv in gesellschaftliche Debatten einzugreifen. Exemplarisch für das letztere sei das Buch *Practical Ethics* von Peter Singer genannt, das in der gesamten westlichen Welt eine intensive Diskussion um Sterbehilfe, Euthanasie und andere Fragen praktischer Moral und Politik ausgelöst hat. Zusammengefasst: Die Erfahrung einer durchaus markt- und selbstbewussten Philosophie sollte mich prägen, hatte aber auf meine beruflichen Planungen zunächst keinen Einfluss.

In weiteren Verlauf des Studiums lernte ich, schnell und präzise zu denken, Schwächen in der Argumentation des Opponenten aufzudecken, zu kritisieren, zügig Gegenargumente zu entwickeln, Positionen zu verteidigen – kurzum: Ich erwarb das dialektische Handwerkszeug des Philosophen. Wohlgemerkt, das alles in einem durchaus zivilisierten akademischen Umfeld, das bis auf Universitäts- und Fachbereichspolitik und sonstige kleinere Eitelkeiten eine beschauliche Angelegenheit war. Dass der Kampf um Positionen in den Herzen und Köpfen von Konsumenten weitaus aggressiver geführt wird, sollte ich erst später erfahren.

Monate der Entscheidung

Das Studium neigte sich inzwischen dem Ende zu. Ich hatte einige Freunde im so genannten akademischen Mittelbau gewonnen, die an ihren Habilitationen arbeiteten und sich mit Lehraufträgen mehr schlecht als recht über Wasser hielten. Die Vorstellung, mit über 30 noch einige Jahre geringes Auskommen in Kauf zu nehmen, um dann möglicherweise mit Anfang 40 die erste Professur zu bekommen, war nicht unbedingt attraktiv. Ich war mit 25 Jahren Vater geworden und die Berufsfrage machte sich deutlicher bemerkbar. (Ich hatte zwischenzeitlich neben Gelegenheitsjobs auch bei einer Zeitung gearbeitet, wollte aber kein Journalist werden.) Das Thema meiner Magisterarbeit war Verteilungsgerechtigkeit; das wollte ich anschließend zu einer Dissertation ausbauen. Befreundete Kommilitonen schrieben auch gerade ihre Abschlussarbeiten, und so lasen wir gegenseitig unsere Manuskripte und fragten uns immer öfter, ob der lange Marsch durch die akademischen Institutionen wirklich der geeignete Weg sei. Berührungsängste gegenüber fachfremden Tätigkeiten gab es nicht, aber wirklich bereit für eine Auseinandersetzung mit dem Thema ›Berufswahl‹ war ich noch nicht. So sagte ich mir stets: »Erst einmal die Magisterarbeit, der nächste Schritt kommt ohnehin«.

Von der Wahrheitssuche zur systematischen Darstellung des Positiven

Und dann war es eines Tags so weit: Im Frühsommer 1996 stand ich vor dem Prüfungsamt und hatte eben meine Arbeit abgegeben. Jetzt musste ich mich wohl oder übel für einen Beruf entscheiden (die Idee, unmittelbar eine Dissertation anzuschließen, hatte ich aufgrund der Aussicht auf weitere zwei Jahre mit geringem Einkommen vorerst zurückgestellt). Auch meine Bekannten schwärmten aus; eine Freundin kam bei einem Verlag unter, ein Freund ging zu einer Computerfirma, ein dritter zum Film. Und ich hörte mich um. Durch einen weiteren Zufall (Empfehlung einer Bekannten) saß ich im Spätsommer desselben Jahres ziemlich unvorbereitet in einem Bewerbungsgespräch für ein Traineeprogramm bei einer der größten deutschen Kommunikations- und Marketingagenturen. Am Tag darauf hatte ich ein Angebot, das ich annahm.

Nun musste ich statt klaren und präzisen Argumenten für philosophische Positionen Konzepte für die Positionierung von Produkten schreiben. Die Hauptumstellung war die geforderte Kürze der Texte und Konzepte. Da ich in gewohnter akademischer Manier zunächst ausführlich – und zugegebenermaßen umständlich – formulierte, wurden die Ergebnisse gnadenlos zusammengestrichen. Das kannte ich zwar in Ansätzen aus der Zeitung, nun ging es aber darum, mit dem ersten Eindruck und der unmittelbaren Botschaft zu punkten – beim Leser, beim Kunden oder bei jedwedem Adressaten. Auch die Präsentationen beim Kunden duldeten keine langwierigen Ausführungen: Was nicht hängen bleibt und überzeugt ist wertlos – zumindest im Vertrieb von Kommunikationsdienstleistungen.

Hatte es bislang lediglich eine Zielgruppe meiner geistigen Arbeit gegeben – meine akademischen Kollegen und Kommilitonen –, lernte ich in den folgenden Monaten, dass es zahllose Zielgruppen gibt, die man beliebig segmentieren kann, die höchst unterschiedliche Vorlieben haben und häufig die Verpackung dem Inhalt vorziehen. Ich will nicht verschweigen, dass ich mir bewusst war, dass mein Beruf erhebliche Ähnlichkeit mit den unter einigen Philosophen verpönten Rhetorikern und Sophisten hat. Aber unsere Gesellschaft ist erwiesenermaßen eine arbeitsteilige und eine Mediengesellschaft. Der Kampf um Aufmerksamkeit ist ein beständiges und dominierendes Element.

Der richtige *spin* kann über Erfolg oder Misserfolg von Theorien, Produkten und Dienstleistungen entscheiden. Das hatte ich bei den amerikanischen Philosophen kennen gelernt. Nicht zuletzt machte mir die Arbeit großen Spaß. Gerade im Marketingbereich kommt man mit den unterschiedlichsten Menschen zusammen, die Aufgaben wechseln häufig und man kann sehr unvoreingenommen bestehende Verfahren und Konzepte in Frage stellen. Zudem ist die Wirkung von Kampagnen schnell messbar – spätestens an der Ladenkasse. Und schließlich fasziniert der

Einfluss, den man über Marketingkommunikation auf eine Vielzahl von Menschen ausüben kann – ein Aspekt, den die meisten Marketing- und Kommunikationsexperten bestätigen werden.

Zurück in die Zukunft und danach

Der Rest ist schnell erzählt. Ich wurde in kurzer Zeit zum Berater befördert, leitete nach einigen Jahren das Berliner Büro der Agentur, und statt tiefsinnigen philosophischen Essays schrieb ich Beiträge für Marketingfachzeitschriften. Weiter wechselte ich zu einer großen Unternehmensberatung und machte ein berufsbegleitendes MBA-Studium. Zurzeit arbeite ich als Berater für eine der größten deutschen Organisationen im öffentlichen Sektor. Immer noch im Marketing, aber mit neuen Schwerpunkten wie Geschäftsmodellentwicklung, Vertrieb und Organisation. Ironischerweise hat mich, nachdem ich die zuvor ignorierten Fachkenntnisse im Beruf und im Rahmen eines zweiten Studiums erworben habe, die Leidenschaft für die Philosophie wieder eingeholt. Ich werde demnächst neben dem Beruf mit einer Dissertation beginnen. Thema wird voraussichtlich Gerechtigkeit zwischen Staaten und damit verbunden die aktuelle Frage nach gerechtfertigtem Eingreifen in souveräne, aber zugleich despotische Länder sein. Und auf diese neue Arbeit freue ich mich: Möglicherweise ist ja Philosophie als außerordentliches Hobby nicht das Schlechteste.

Wenn schon, dann richtig – Tipps für Philosophie und Beruf

Da man nachher immer schlauer ist, folgen nun einige Hinweise, wie man die Menge der Berufsmöglichkeiten – aus meiner Sicht – sinnvoll einschränken und zugleich Philosophie studieren wie auch arbeitsmarktrelevante Fertigkeiten erwerben kann.

1. Fachliche Spezialisierung: Auf die Fächerkombination kommt es an.
Der österreichische Denker Moritz Schlick soll seinen Studenten empfohlen haben, neben der Philosophie eine empirische Wissenschaft zu studieren, um einen Bezug zu praxisnaher Forschung zu haben. So eingeschränkt sollte man das nicht handhaben, aber das zweite Studienfach

bzw. die Fächerkombination sollte durchaus mit dem Blick auf spätere Berufsmöglichkeiten gewählt werden.

2. Alternativen neben der akademischen Laufbahn konsequent verfolgen
Der philosophische Lehrbetrieb ist rein akademisch. Die meisten Menschen haben aber mehr Talente als ausgeprägtes Denkvermögen. Und die klassische akademische Laufbahn ist langwierig, zeitraubend und die Chancen auf Erfolg sind ebenfalls begrenzt. Deshalb sollte man grundsätzlich nicht alles auf die akademische Karte setzen.

3. Mit Praktika Berufsmöglichkeiten unverbindlich testen
Obwohl das Mantra: ›mit Praktika wertvolle Erfahrungen sammeln‹ in jedem Leitfaden für Studenten zu finden ist, sind es gerade die Geisteswissenschaftler und insbesondere die Philosophen, die zu wenig Gebrauch davon machen. Dabei sind Praktika – beispielsweise bei Medien und in Fachabteilungen von Unternehmen aller Branchen –, eine gute Möglichkeit, die man nutzen sollte, um Berufsbilder und Tätigkeiten zu testen und wichtige Kontakte zu knüpfen.

4. Philosophische Fähigkeiten sind hilfreich, aber oftmals überflüssig
Bei aller Begeisterung für Philosophie – eine philosophische Vorgehensweise ist bei vielen Tätigkeiten in der Berufswelt schlichtweg fehl am Platz. Schnelles und klares Denken ist ein klarer Vorteil, aber Tiefsinn ist selten gefragt, wenn es um die Produktion oder den Verkauf von Waren und Dienstleistungen geht. Man sollte sich deshalb von vornherein von zu hohen Ansprüchen verabschieden, zumal diese nicht unbedingt als soziale Kompetenz ausgelegt werden.

5. Flexibel und offen bleiben
Wenn man schließlich in der Berufswelt angekommen ist, sollte man die im Studium erworbene Flexibilität, sich mit verschiedensten Themenstellungen gedanklich auseinander zu setzen, beibehalten. In den meisten Unternehmen verändern sich heutzutage Organisationsstrukturen und Geschäftsmodelle schneller als je zuvor. Wer solchen Veränderungen offen gegenübertritt und diese zu gestalten vermag, ist für die moderne Berufswelt bestens gerüstet – auch oder gerade als Philosoph.

MICHAEL ESFELD

Philosophie als Beruf – und als Leidenschaft

Die Universitätslaufbahn

Vom Studium zur Professur

Mit 35 Jahren die dritte unbefristete Universitätsstelle in Philosophie angeboten zu bekommen, davon die zweite Professur – eine solche Karriere kann man nicht planen. Glückliche Umstände gehören dazu, beispielsweise, dass Stellen, die gut auf das eigene Profil passen, zum richtigen Zeitpunkt ausgeschrieben werden. Dennoch gibt es Kriterien, anhand deren man seine Eignung für eine solche Laufbahn einschätzen kann. Ich würde jedem Studierenden, der Philosophie mit Leidenschaft betreibt, sein Talent in hervorragenden Leistungen unter Beweis stellt und Freude am Lehren hat, raten, diesen Berufsweg einzuschlagen. Man darf sich von den Statistiken nicht irreführen lassen: Es gibt zwar deutlich mehr Personen, die über eine Promotion und Habilitation verfügen, als freiwerdende Professuren. Aber wenn man in einer Berufungskommission die Bewerbungen durchsieht, reduziert sich die Zahl der ernsthaft in Frage kommenden Kandidaten schnell erheblich. Wer die erforderlichen Leistungen erbringt, hat gute Aussichten, seinen Weg in der akademischen Philosophie zu finden – sollte sich aber auch immer wieder kritisch prüfen, wie gut die eigenen Leistungen wirklich sind.

Meine einzige Begegnung mit der Agentur für Arbeit war ein Gespräch zur Berufsorientierung kurz vor dem Abitur. Ich wollte Geschichte, Philosophie und eventuell Romanistik studieren. Für Geschichte und Politik hatte

Michael Esfeld, geboren 1966 in Berlin, verheiratet. Studium der Philosophie und Geschichte in Freiburg (Breisgau), Lausanne und Münster. 1994 Promotion, danach Wissenschaftlicher Mitarbeiter an der ETH Zürich, Forschungsaufenthalte in Cambridge, Canberra und Pittsburgh. Habilitation im Jahre 2000, anschließend Lecturer in Philosophy an der University of Hertfordshire und Heisenberg-Stipendiat der DFG. 2001 Professur für Erkenntnistheorie, Wissenschaftstheorie und Logik in Köln, 2002 Lehrstuhl für Erkenntnistheorie und Philosophie der Wissenschaften an der Universität Lausanne.

ich mich in den letzten Schuljahren interessiert. Auf diesem Weg bin ich zur Philosophie gekommen. Mir war damals noch nicht so recht klar, worum es sich dabei handelt, außer dass es um Grundfragen der menschlichen Existenz und der Welt geht. Der Berufsberater sagte mir, ich sollte an eine alte süddeutsche Universität gehen; das wären die besten in Deutschland. Daraufhin habe ich mir verschiedene Orte angesehen und mich im Herbst 1986 in Freiburg im Breisgau eingeschrieben. Die Stadt gefiel mir, und es gab ehemalige Schüler meines Gymnasiums, die dort studierten. Ein sachliches Kriterium, die Aussage des Berufsberaters zu überprüfen und eine gute Universität auszuwählen, hatte ich nicht.

In den letzten zwei Jahren des Gymnasiums gab es einen Philosophie-Wahlkurs. Wir haben zuletzt Texte zur neuzeitlichen Erkenntnistheorie ab Descartes gelesen und sind bis dahin gekommen, mit Kant anzufangen. An dieser Stelle habe ich in Freiburg weitergemacht. Einen Studienplan gab es nicht. Abgesehen von einer minimalen Anzahl an Seminarscheinen, die man erwerben musste, war die einzige inhaltliche Vorschrift, einen Kurs zur Einführung in die Logik zu belegen. Also dachte ich mir, dass es wohl das Beste sei, dort anzuknüpfen, wo ich in der Schule aufgehört hatte, und besuchte die angebotenen Veranstaltungen zu Kant und der Philosophie des deutschen Idealismus. Von dort aus habe ich dann meine Kenntnisse nach hinten und vorne ausgebaut, so weit das in Freiburg ging – in Lehrveranstaltungen zur antiken Philosophie und, natürlich, zu den Freiburger Größen Husserl und Heidegger.

Ich merkte bald, dass ich mit dieser Art des Studiums nicht weit kommen würde: Ich lernte zwar viele Details kennen, aber es fehlte der größere Zusammenhang. Überblicksvorlesungen über ganze Epochen der Philosophiegeschichte und Einführungsvorlesungen in bestimmte Themenbereiche gab es kaum. Ich habe mir dieses Wissen dann selbst erarbeitet. Hier liegt eine Chance der jetzigen Studienreform: Selbstverständlich gibt es auch in der Philosophie ein Basiswissen über die Ideengeschichte und über die wesentlichen Bereiche und Positionen des heutigen Philosophierens. Dieses Basiswissen bildet die Voraussetzung dafür, in ein bestimmtes Thema detailliert einsteigen zu können. Ob ein philosophischer Fachbereich ein gut strukturiertes Bachelor-Programm mit Überblicksvorlesungen anbietet, kann Studienanfängern als wichtiges Auswahlkriterium für den Studienort dienen.

Die Universitätslaufbahn

Im ersten Studienjahr reifte der Entschluss, mich auf Philosophie zu konzentrieren, und ich begann damit, mir Gedanken über eine Universitätslaufbahn zu machen. Die Grundlagenfragen, um die es in der Philosophie geht, hatten meine anderen wissenschaftlichen Interessen in den Hintergrund gedrängt. Ich verlegte den Schwerpunkt von Geschichte zu Philosophie als Hauptfach und setzte mein Studium in Freiburg fort, unterbrochen durch zwei Semester in Lausanne, wo ich mein Schulfranzösisch verbesserte und Alt-Griechisch lernte, um Platon und Aristoteles im Original lesen zu können. Zur Promotion wechselte ich Anfang 1992 nach Münster – diesmal eine sachlich begründete Wahl. Den Betreuer meiner Doktorarbeit, Peter Rohs, hatte ich auf einem Kongress kennen gelernt. Obwohl ich in vieler Hinsicht anderer Meinung bin als er (heute noch mehr als damals), habe ich bei Rohs ein undogmatisches, immer an der Sache orientiertes Argumentieren schätzen gelernt, das es versteht, die Tradition der neuzeitlichen Philosophiegeschichte mit einer Auseinandersetzung mit den wesentlichen Positionen der Gegenwartsphilosophie zu verbinden.

Die Doktorarbeit drehte sich um den Zusammenhang von mechanistischer Naturphilosophie und neuzeitlicher Subjektivität bei Thomas Hobbes. Diese Fragestellung hat mich ungefähr seit meinem dritten Studienjahr beschäftigt und bildet immer noch den roten Faden meiner Arbeit: Wie passt das Verständnis, das wir von uns selbst als denkende und handelnde Wesen haben, zusammen mit dem, was wir dank der Naturwissenschaften über die Welt wissen? Ich merkte bald, dass ich, um diese Fragestellung sinnvoll verfolgen zu können, mir Kenntnisse in den Naturwissenschaften aneignen musste und bemühte mich darum zusammen mit Freunden während der Doktorarbeit. Generell scheint es mir wichtig zu versuchen, sich in kleinen Diskussionsgruppen zusammenzutun, da das eigene Nachdenken sehr vom informellen Gedankenaustausch mit anderen profitieren kann.

Wesentliche Anregungen erhielt ich durch Sommerakademien der Studienstiftung des deutschen Volkes mit interdisziplinären Arbeitsgruppen zu Philosophie und Naturwissenschaften – vor allem auf einer Akademie der Schweizerischen Studienstiftung zum Thema Holismus im Jahre 1993. Diese Veranstaltung war der entscheidende Anstoß für mein Habilitationsprojekt: Ich wollte herausfinden, was es mit der Behauptung auf sich hat, dass durch die Physik des 20. Jahrhunderts sich das mechanistische Naturverständnis entscheidend wandelt und welche Bedeutung dieser Wandel für unser Selbstverständnis hat. Das Stichwort »Holismus« lieferte dazu den Angelpunkt: Einerseits wird behauptet, dass die grundlegende Ebene der Natur gemäß der Quantenphysik holistisch verfasst ist, andererseits scheint ein Holismus auch für intentionale Zustände – die Gedanken und Absichten einer Person – und soziale Systeme zu gelten.

Um diesem Projekt nachgehen zu können, musste ich mir professionelle Kenntnisse über die begrifflichen Grundlagen der Quantentheorie verschaffen. Hans Primas war Querdenker genug, mich von Herbst 1994 bis Herbst 1996 in seiner Arbeitsgruppe zur Quantenphysik an der Eidgenössischen Technischen Hochschule Zürich willkommen zu heißen. Wir vereinbarten, dass ich Seminare in Wissenschaftsphilosophie gab und mir dabei von ihm und seinen Mitarbeitern Physikkenntnisse aneignen konnte. Von Zürich war der Weg nicht weit nach Konstanz, dem besten Ort für Wissenschaftsphilosophie im deutschsprachigen Raum, wo Gereon Wolters und Wolfgang Spohn mich aufnahmen und ich im Wintersemester 1999/2000 habilitierte. Einen guten Teil der Habilitationsschrift habe ich während Auslandsaufenthalten in Cambridge, Canberra und Pittsburgh ausgearbeitet und mir dabei angewöhnt, auf Englisch zu schreiben, vorzutragen und zu veröffentlichen. Englisch hat heute die Funktion, die Latein einst hatte – ohne Englisch mündlich und schriftlich zu beherrschen, kann man an der philosophischen Diskussion, die ja unabhängig von Sprach- und Landesgrenzen stattfindet, nicht teilnehmen.

In dieser Hinsicht ist mein Weg dem von vielen in meiner Altersgruppe ähnlich: ein an der Tradition orientiertes Studium, eine Doktorarbeit, die eine systematische Fragestellung an einem historischen Autor erprobt und dann eine Habilitation, die sich mit einem Thema der Gegenwartsphilosophie beschäftigt und den systematisch-argumentativen Stil der analytischen Philosophie übernimmt. Für mich wie für viele meiner Generation, die sich in die internationale Diskussion eingearbeitet haben, ist klar, dass die analytische Philosophie, wie sie heute betrieben wird, nicht mit der Tradition der Philosophie bricht. Sogar die Metaphysik ist in den letzten dreißig Jahren wieder in das Zentrum der Philosophie gerückt. Die analytische Philosophie ist heute einfach Philosophie: ein an den Sachproblemen orientiertes, systematisches, argumentatives Denken, in dem eine Vielzahl sehr verschiedener Positionen vertreten wird – kurz, das, was

Philosophie immer war. (Man rufe sich nur in Erinnerung, wie Kant sich herablassend über diejenigen seiner Zeitgenossen äußert, welche die Auslegung von Texten aus der Philosophiegeschichte mit der Philosophie selbst verwechselten.)

Um eine Doktorarbeit zu finanzieren, gibt es in Deutschland eine Reihe von Möglichkeiten für Stipendien (vor allem die Studienstiftung des deutschen Volkes, diverse Programme zur Graduiertenförderung sowie politische und kirchliche Stiftungen). Mit einem guten Studienabschluss und einem durchdachten Dissertationsprojekt erhält man in der Regel ein Stipendium für zwei bis drei Jahre. Wenn die Doktorarbeit gut ist, war es bisher keine große Schwierigkeit, zu einer Habilitation zu gelangen – entweder durch eine Assistentenstelle, oder, wie in meinem Falle, durch Drittmittel (vor allem der Deutschen Forschungsgemeinschaft). Die eigentliche Bewährung findet erst nach der Habilitation statt: bei den Bewerbungen um die Professuren. Durch die Hochschulreform soll sich das ändern: Die Auswahl soll bereits nach der Promotion erfolgen, vor allem über die Juniorprofessuren – meines Erachtens zurecht; denn eine berufliche Umorientierung nach der Qualifikation und in dem Alter, das mit der Habilitation erreicht ist, ist schwierig. Da es dauern kann, bis man nach der Habilitation eine Professur erhält, habe ich mich seit Abgabe der Habilitationsschrift in England beworben. Anfang 2000 wurde mir eine Stelle als Lecturer an der Universität Hertfordshire im Norden von London angeboten. Das ist eine akademische Einstiegsstelle, die den Aufstieg innerhalb des Instituts ermöglicht – aber es war eine unbefristete Stelle. Ich konnte mir sicher sein, meinen Lebensunterhalt mit der akademischen Philosophie zu verdienen (auch wenn ein Lecturer-Gehalt im Großraum London keine großen Sprünge erlaubt).

Die englische Lehrerfahrung war hilfreich. Der Teamgeist in den dortigen Instituten ist viel ausgeprägter als in Deutschland. Dafür gibt es mindestens zwei strukturelle Gründe: Zum einen gibt es einen Studienplan, der eine Ausbildung mit aufeinander aufbauenden Kursen bietet und daher die Zusammenarbeit der Lehrenden erfordert; zum anderen werden die Institute regelmäßig evaluiert – wobei es sowohl eine Evaluation der Forschungsleistungen gibt (Kriterium: Qualität der Veröffentlichungen der Lehrenden) als auch eine der Lehre. Die Evaluation betrifft alle Institute des Landes. Sie ist aussagekräftig, weil sie vergleichend ist: Je mehr Sterne ein Institut erhält, desto bessere Studierende zieht es an und desto mehr Forschungsmittel bekommt es. Da die Bewertung jeweils ein ganzes Institut betrifft, fördert sie die Zusammenarbeit.

Hertfordshire habe ich bereits nach einem halben Jahr wieder verlassen, weil ich ein Heisenberg-Stipendium der Deutschen Forschungsgemeinschaft bekam. Dieses Stipendium gilt als Sprungbrett für eine Universitätskarriere in Deutschland: Die Berufbarkeit ist ein wesentliches Kriterium bei der Auswahl, und viele, denen dieses Stipendium zugesprochen wird, erhalten während seiner Laufzeit eine Professur. Ich wurde im Sommer 2001 auf eine außerordentliche Professur (C3) für Erkenntnistheorie, Wissenschaftstheorie und Logik an der Universität zu Köln berufen, und zum Herbst 2002 folgte dann der Ruf auf den Lehrstuhl für Erkenntnistheorie und Philosophie der Wissenschaften an der Universität Lausanne (und seitdem bewerbe ich mich nicht mehr).

Anforderungen für die Hochschulkarriere

Welche Qualitäten sollte man mitbringen, wenn man eine solche Laufbahn einschlägt? Vier, und zwar in dieser Reihenfolge:
- Begeisterung für die Sache der Philosophie
- fachliche Spitzenleistungen
- pädagogisches und kommunikatives Interesse und Talent
- organisatorische Kompetenz.

Philosophie-Professor ist kein normaler Beruf. Es wäre irrational, diesen Berufsweg aus einem anderen Interesse anzustreben denn der Begeisterung für die Sache der Philosophie. (Dieses – und alles, was auf den nächsten Seiten folgt – gilt meines Erachtens für alle Wissenschaften.) Mit der gleichen Intelligenz und dem gleichen Arbeitseinsatz kann man außerhalb der Hochschule mehr Geld verdienen und mehr gesellschaftliche Anerkennung erreichen. Wenn man sich für die Philosophie begeistert, dann ist die Hochschullaufbahn aber der natürliche Berufsweg, weil er die einzige Möglichkeit ist, die Arbeit an der Sache der Philosophie zusammen mit ihrer Weitergabe professionell zu betreiben. Man darf allerdings nicht ortsgebunden sein: Wohin man einen Ruf erhält, ist nicht vorhersehbar, und man sollte sich nie auf eine einzige Stelle fixieren.

Der Beruf des Philosophie-Professors bietet viel Freiheit: Man muss nicht von 8 bis 17 Uhr in einem Büro arbeiten. Man kann sich weitgehend seine Arbeitszeit selbst einteilen und den Arbeitsort – Büro, zu Hause oder sonst wo – selbst wählen. Die Kehrseite dieser Freiheit ist, dass der Beruf des Philosophie-Professors kein Job mit einer 40-Stunden-Woche und fünf Wochen Urlaub im Jahr ist. Um die erforderlichen Leistungen zu erbringen, muss man deutlich mehr als der Durchschnitts-Arbeitnehmer investieren. Ich habe ab dem Hauptstudium im Schnitt an die sechzig Stunden pro Woche gearbeitet. Daran wird sich auch nichts ändern: Um im Hochschulbetrieb zu Forschung zu kommen, muss man eine solche Arbeitszeit einsetzen – und die eigene Forschung ist ja die Quelle, aus der sich das speist, was man an seine Studierenden weitergeben möchte. Ich habe dieses Arbeitspensum nur selten als einen unangenehmen Stress empfunden. Allerdings muss man darauf achten, dass man sich auch genügend Raum freihält für ein Leben neben der Philosophie und der Hochschule.

Philosophie beschäftigt sich mit den Grundfragen der Welt und der menschlichen Existenz – aber das tun auch andere, zum Beispiel Religion oder auch Kunst. Philosophie zeichnet sich dadurch aus, dass in ihr nur Argumente zählen. Es gibt keine Autoritäten in der Philosophie. Professionalität heißt in der Philosophie, die eigenen Fragestellungen zu präzisieren, Argumente zu formulieren und diese kritisch zu prüfen – und sich dabei mit den Argumenten anderer auseinander zu setzen, um auf der Höhe der Kunst zu sein und zu bleiben. Philosophie, die dem Anspruch der Sache gerecht wird, ist nicht etwas, das man für sich allein in der Studierstube betreiben kann, um es dann irgendwann der Mitwelt zu verkünden, sondern ein soziales, diskursives Unternehmen.

Es kommt in der Philosophie nicht darauf an, welche Position man einnimmt – ob man beispielsweise Naturalist oder Dualist, Realist oder Relativist, Empirist oder Rationalist ist. Natürlich lebt das Engagement, mit dem man auftritt, von dem, was man vertritt. Was zählt, sind aber allein die Argumente, die man für eine Position vorbringt. Für was man argumentiert, ist selbstverständlich durch das beeinflusst, was man im Elternhaus, in der Schule, im Studium aufgenommen hat. Diese Voreingenommenheit lässt sich nicht vermeiden: Man kann nicht bei null anfangen. Der beste Beweis dafür ist die Analyse der versteckten Voraussetzungen in denjenigen philosophischen Theoriegebilden, die den Anspruch erheben, von einem voraussetzungslosen Anfangspunkt aus aufgebaut zu sein. Aber gerade deshalb sollte man die Gründe, die man für eine bestimmte Position hat, immer wieder prüfen. Das, was ich inhaltlich vertrete, hat sich seit meinem Studienbeginn bis heute ziemlich gewandelt und wird sich sicher weiter ändern. Über diese geistige Entwicklung bin ich froh.

Professionalisierung des Philosophierens bedeutet auch Spezialisierung. Man kann nicht auf allen Gebieten der Philosophie produktiv sein. Selbst innerhalb einzelner Gebiete ist die Diskussion inzwischen so verfeinert, dass eine einzelne Person oft kaum noch etwas zu dem Gebiet insgesamt beitragen kann. Andererseits ist Philosophie unteilbar. Die Position, die man zu einem Thema einnimmt, hat Konsequenzen für eine ganze Reihe weiterer Themen. Ein aktuelles Beispiel: Es gibt gute Argumente dafür, dass Bewusstseinszustände – wie zum Beispiel Freude oder Schmerzen – eine Erlebnisqualität haben, die diesen Zuständen als solchen selbst zukommt und die unabhängig von ihren Beziehungen zu anderen Zuständen ist. Es fühlt sich auf eine bestimmte Weise an, Freude oder Schmerzen zu haben. Wenn diese Argumente stimmen, wie können dann aber Bewusstseinszustände kraft ihrer Erlebnisqualität Auswirkungen auf unser Verhalten haben? Müssen sie dazu nicht in einer körperlichen Funktion bestehen? So sind Argumente über Kausalität relevant für die Einschätzung von Argumenten in bezug auf die Erlebnisqualität von Bewusstseinszuständen – und damit wird die Philosophie des Bewusstseins untrennbar von der Philosophie der Wissenschaften.

Wie soll man mit der Notwendigkeit zur Spezialisierung, um nicht Dilettant zu sein, umgehen, angesichts dessen, dass man breite Kenntnisse braucht, um Argumente in einem Spezialgebiet überhaupt angemessen bewerten zu können? Dies geht nur mit einer breiten Fragestellung und Motivation – wie zum Beispiel der Frage nach dem Zusammenhang von Körper und Geist – und einem gründlichen Überblick über das gesamte betreffende Gebiet. Aus diesem Fundus greift man sich dann ein spezifisches Thema heraus und versucht, dieses so zu bearbeiten, dass man auch die Argumente, die links und rechts liegen, berücksichtigt. Man sollte sich nicht an Modethemen orientieren: Die Moden gehen schnell vorbei, und die Profile von Professuren werden nach Sachgebieten und nicht nach Moden zugeschnitten. Man sollte die Themen verfolgen, die einen faszinieren. So wird man seine besten Leistungen erbringen.

Dazu muss man eine schnelle Auffassungsgabe entwickeln: Man muss lernen, aus großen Mengen an Literatur in Kürze das Wesentliche aufzunehmen. Ferner muss man sich zutrauen, trotz der vielen Literatur einen eigenen Ansatz zu verfolgen. Die Aufgabe, die man sich stellt, sollte so sein, dass sie sich in einem vernünftigen Zeitrahmen bewerkstelligen lässt: Doktorarbeit und Habilitationsschrift sind kein Lebenswerk, sondern akademische Qualifikationsschriften, die man in dem vorgesehenen Zeitfenster von gut drei bzw. fünf Jahren abschließen sollte (sofern nicht weitere Arbeitsverpflichtungen während dieser Zeit hinzukommen). Ein Vorteil des bisherigen deutschen Systems mit Promotion und Habilitation ist, einer Über-Spezialisierung entgegenzuwirken: Für die Habilitation wird in der Regel gefordert, über ein anderes Thema als in der Dissertation zu arbeiten. Auch wenn die Habilitation an Stellenwert verliert, sollte man diese Regel beibehalten und die Postdoktorandenzeit nutzen, um sich in ein neues Thema einzuarbeiten.

Begeisterung für die Sache der Philosophie erzeugt nicht automatisch fachliche Spitzenleistungen, wie man sie für eine Hochschul-Karriere braucht. Man sollte nicht nur den Inhalt seiner Argumente immer wieder kritisch prüfen, sondern sich auch fragen, wie die Qualität der eigenen Arbeit im Vergleich zu anderen dasteht. Dafür ist die Horizonterweiterung wichtig, die man durch einen Wechsel der Universität und insbesondere einen Auslandsaufenthalt gewinnt. Sehr gute Seminarscheine, sogar eine sehr gut benotete Abschlussarbeit und Dissertation sind nur bedingt eine zuverlässige Orientierung, da gute Noten in den geisteswissenschaftlichen Fächern in Deutschland häufig recht großzügig vergeben werden. Selbst mit hervorragenden Noten ist es – angesichts des Risikos, mit dem der Weg in die akademische Laufbahn verbunden ist – bestimmt kein Fehler, sich andere Möglichkeiten offen zu halten: Wenn es von der Fächerkombination her geht, sollte man auf jeden Fall das Staatsexamen für das Lehramt an Gymnasien ablegen. Es ist bedauerlich, dass man in Deutschland nicht, wie beispielsweise in der Schweiz, nach Promotion, Assistenten- oder Postdoktorandenzeit ohne weiteres am Gymnasium unterrichten kann.

Es gibt ein gutes Kriterium zur Einschätzung der eigenen Leistungen, das in der Phase, in der man sich entscheiden sollte, der Endphase der Dissertation und der Postdoktorandenzeit, greift: sich der internationalen Konkurrenz stellen und Teile seiner Arbeit als Vorträge für internationale Fachtagungen und als Aufsätze für Fachzeitschriften einreichen. Eine gute Zeitschrift lässt die eingereichten Beiträge anonym durch mindestens zwei Experten unabhängig voneinander begutachten. Die Rückmeldungen zeigen, wo man steht – wobei einzelne Rückmeldungen natürlich auch einen zufälligen Charakter haben; mehrere zusammen geben aber einen guten

Anhaltspunkt für die Selbsteinschätzung. Wenn eine Fachzeitschrift nur dreißig, zwanzig, zehn oder gar nur fünf Prozent der eingereichten Beiträge annehmen kann und ihre Stellung in der Fachwelt halten möchte, muss sie eine strikte, an der argumentativen Qualität orientierte Auswahl treffen. Ich habe dieses Kriterium in der Habilitationsphase beherzigt – auf das Anraten eines Freundes, jeweils aus dem Material, aus dem ein Kapitel der Habilitationsschrift werden sollte, zunächst einen Artikel zu machen. Ein wichtiger Schritt kam für mich im Herbst 1997, als mein Vorschlag für eine Konzeption von Holismus, auf dem dann die Habilitationsschrift aufbaute, vom Mind-Journal angenommen wurde. Das bestärkte mich in der Einschätzung, dass ich die Leistungen für eine Professur in Philosophie erbringen kann und meine Beiträge das Niveau der internationalen Fachdiskussion erreichen können.

Zum Beruf des Philosophie-Professors gehört auch ein pädagogisches und kommunikatives Interesse und Talent. Die Gesellschaft bezahlt Philosophen ja nicht für ihr Denken als solches, sondern dafür, dass sie die Resultate dieses Denkens an andere weitergeben. Ich habe Forschung und Lehre immer als eine Einheit angesehen, und zwar nicht nur die Seminare für Fortgeschrittene, sondern auch die Veranstaltungen für Anfänger. Wie oben gesagt: Um auf einem speziellen Feld etwas zum Fortschritt des Faches beizutragen, braucht man einen Überblick über ein größeres Gebiet – und wie souverän man diese größeren Argumentationszusammenhänge beherrscht, macht man sich am besten dadurch klar, dass man versucht, sie anderen zu erklären. Mit deren Seminararbeiten erhält man dann auch eine Rückmeldung dazu, wie gut man mit seinem Fachgebiet umgehen kann.

Meine Professur schließt die Leitung eines Programms in Wissenschaftsphilosophie und -geschichte für Studierende der Natur- und Ingenieurwissenschaften ein. Darüber bin ich sehr froh. Es ist schön, auch anderen, die nicht Philosophie studieren, etwas von der Reflexion über Grundfragen mitgeben zu können, die Philosophie auszeichnet. Überhaupt sollte es erleichtert werden, Philosophie als ein Beifach in allen Studiengängen wählen zu können. Die Bachelor-Reform bietet hier Chancen, Fakultätsgrenzen aufzubrechen. Es ist ja recht zufällig, dass das Studienfach Philosophie in den geisteswissenschaftlichen Fakultäten angesiedelt ist. Von der Sache her hat Philosophie mehr Berührungspunkte mit den Naturwissenschaften und der Mathematik als etwa mit den Literaturwissenschaften. Fast alle großen Philosophen bis zum Ende des 18. Jahrhunderts waren auch Naturwissenschaftler. Wenn ich noch einmal beginnen könnte, würde ich – gegeben die Interessen, die ich im Laufe meines Studiums entwickelt habe – von Anfang an Philosophie zusammen mit einer Naturwissenschaft (Physik) studieren.

Als Philosophie-Professor muss man nicht nur lehren, sondern auch organisieren können – die mit der Selbstverwaltung der Hochschule verbundene Arbeit nimmt einen beachtlichen Teil der Zeit eines Lehrstuhlinhabers in Anspruch. Auch wenn vieles im Detail erheblich zu verbessern wäre, ist nicht zu sehen, wie es ohne die Gremienarbeit gehen könnte – so dass man sich damit rechtzeitig anfreunden und sich prüfen sollte, ob man eine Hand dafür hat, sonst tut man sich und seinen Kollegen keinen Gefallen.

Die Organisationsarbeit beginnt damit, den eigenen Lehrstuhl zu gestalten. Ein wichtiges Ziel für mich ist jetzt, eine Arbeitsgruppe mit Doktoranden aufzubauen, und zwar so, dass man auch in der akademischen Philosophie etwas von dem umsetzt, was in anderen Wissenschaften und außerhalb der Universität selbstverständlich ist: Arbeit in einem Team, in dem man sich durch wechselseitigen Austausch gemeinsam voranbringt, statt dass jeder vor sich hin arbeitet. Die Studierenden, die bei mir Arbeiten schreiben, gut zu betreuen, halte ich für einen wesentlichen Teil meiner pädagogischen Aufgabe – der auch dem eigenen Denken zugute kommt. Darüber hinaus ist es mein Ziel, in den Lehrveranstaltungen den Studierenden einen Überblick über zentrale Themen der Philosophie so zu verschaffen, dass sie Argumente kennen lernen und die Fähigkeit erwerben, sich auf der Grundlage von Argumenten ein Urteil zu bilden.

Das Wichtigste für jemanden, der aus Begeisterung für die Sache Philosophie studiert, scheint mir zu sein: eine breite und zentrale Fragestellung zu entwickeln, die einen umtreibt – und dann dieser Fragestellung systematisch nachgehen, zu lernen, Argumente zu prüfen und eigene Argumente auszuarbeiten, kurz das, was ich als die Professionalisierung skizziert habe, die zur Sache der Philosophie gehört. Man sollte sich nicht von den Assoziationen irreführen lassen, die mit dem Begriff »Massenuniversität« verbunden sind. Wer eine philosophische Begabung hat und ihr mit Eifer, Eigeninitiative und Verstand nachgeht, der fällt auf und findet eine individuelle Betreuung – und häufig auch seinen Weg in der Welt der akademischen Philosophie.

HANS-ULRICH HAUSCHILD

Dienstleistungen für Menschen am Arbeitsmarkt

Es ist überall nichts in der Welt denkbar was für uneingeschränkt gut gehalten werden kann als allein ein guter Wille (nach Kant)

Hans-Ulrich Hauschild, 1944 geboren, studierte an der Universität Gießen Philosophie, Germanistik, Politikwissenschaft und Geschichte. Abschluss mit Promotion. Dann Berufsberater für Abiturienten und Hochschüler bei der Bundesanstalt für Arbeit. Nach verschiedenen Stationen zuletzt Arbeitsamtsdirektor. 13 Jahre lang nebenamtlicher Dozent für Arbeitsmarkttheorie und -politik. Danach im Arbeits- und Sozialministerium eines Bundeslandes Leiter des Referats »Arbeitsmarkt, Beschäftigungs- und Wirtschaftspolitik«. Pensionierung 2003.

Eigentlich wollte ich Lehrer werden; für uns in den frühen sechziger Jahren war der Studienrat eine Sozialfigur mit hoher Reputation; die Gesellschaft hat ihm eine große Bedeutung beigemessen – nach A 13 hat keiner gefragt. Lehrer für Geschichte und Deutsch – das war die Vorstellung, das Ziel, der Wunsch.

Jedenfalls ist hiermit bereits ein Bekenntnis abgelegt, ein Motiv offen gelegt worden: die unbedingte Identifikation mit öffentlichem, gesellschaftlich bezogenem Handeln. Es wäre für mich nie in Frage gekommen, einen Beruf auszuüben, der sich nicht öffentlich entfalten kann, eine Tätigkeit zu übernehmen, die nicht die ausgleichende und gestaltende Funktion objektiver Staatlichkeit und öffentlichen Dienens gehabt hätte.

Dabei kann man keinesfalls mich mit den Erneuerern von 1968 auch nur annähernd gleichsetzen: Auch vermeintlich konservative Positionen – heute wohl nur noch, wenn sie wahrhaft bewahrend sind – treten uneingeschränkt für die Notwendigkeit öffentlichen Handelns ein.

Also: Am Anfang war der Wunsch, ein inhaltliches Interesse, welches in der Schule (Hessenkolleg) geweckt worden war, mit einer Tätigkeit zu verbinden, die auf jeden Fall frei wäre von materiellen Perspektiven und die anderen Menschen den Weg in eine durch allgemeine Bildung begründete Zukunft weisen sollte.

Was ist daraus geworden? Der Beginn war offenkundig sehr idealistisch, geprägt von Fragen, die aufgeworfen waren am Beispiel von Kleist, Thomas Mann und Lessing und die noch nicht beantwortet waren durch den vorzüglichen Unterricht, den ich in Geschichte und Sozialkunde in jenem Hessenkolleg erhalten hatte. Dabei habe ich den Zweiten Bildungsweg eingeschlagen, um Betriebswirt zu werden. Jedoch konnte mein moralischer Habitus keine Rücksicht auf diesen ursprünglichen Wunsch nehmen: Die Geisteswissenschaft war stärker.

Am Ende, also heute, bald 40 Jahre später, steht – bescheiden bin ich nicht – der Experte für Arbeitsmarktpolitik und ihre Theorie. Das Ende, oder sagen wir lieber: der Schluss, ist recht eigentlich immer noch idealistisch. Ich bin meiner Absicht treu geblieben: Der kategorische Imperativ, aus meiner Interpretation die letztgültige Formulierung des öffentlich-rechtlichen Anspruchs, hat meine Biographie und meinen beruflichen Lebensweg beeinflusst: Nur im Reich des Objektiven, des Staates, ist der Mensch immer Zweck, nie Mittel menschlichen Handelns. Ich darf derzeit erleben, wie überall das Gegenteil geschieht – wie öffentliche Angelegenheiten gnaden- und sinnlos privatisiert werden. Die Agentenschaft des Marktes genau ist es, die Menschen zum Mittel und sich selber, nämlich den Markt, zum Zweck macht: ein flagranter – oder vielleicht auch nichts weniger als flagrant – Verstoß gegen den noch immer gültigen Sozialvertrag, jenen Vertrag, den wir mit der Politik mit der Absicht abgeschlossen haben, dass sie uns genau vor den Egoismen des Privaten schützt. Für eine Privatisierungswelle und ihre Auswirkungen brauchen wir weder Politiker noch letztlich den Staat. Ich vermerke dies, damit der Leser endlich eine Art intellektueller Visitenkarte in die Hand bekommt.

Was also ist in diesen 40 Jahren geschehen, was hat den Geisteswissenschaftler bewegt und – wichtiger – qualifiziert, Arbeitsmarktexperte, Chef einer Behörde und schließlich Leiter eines ministeriellen Referates einer Landesregierung zu werden?

So will ich denn die näheren Umstände schildern, die diese 40 Jahre bestimmt haben, die ihren Inhalt und Rahmen bildeten. Schließlich soll der Leser wissen, was Geisteswissenschaftler, in diesem Fall ein Nebenfachphilosoph, wenn sie nicht als solche tätig werden, beruflich treiben, warum sie es tun und was sie dazu befähigt hat. Kann dies angehende Philosophen beruhigen, antreiben? Die das vorliegende Buch bewegende Frage ist nicht ganz zuletzt, welche besonderen Studieninhalte bzw. vermittelten oder doch wenigstens ausgebildeten extrafunktionalen Fähigkeiten für die Ausübung von Beruf und Tätigkeit von Bedeutung waren.

Man sieht, es war wichtig, die Eckpunkte zu markieren: Der Spezialist für das 18. Jahrhundert hat am Ende, mit bald 60, für die Hessische Landesregierung das bundesweit diskutierte OFFENSIV-Gesetz wesentlich verfasst, Verträge mit der Bundesanstalt für Arbeit zur Einrichtung von Job-Centern vorbereitet, eine bundesweit zusammengesetzte Arbeitsgruppe »Zeitarbeit« geleitet und Reden zur Funktionsweise des Arbeitsmarktes in Abhängigkeit vom Bruttoinlandsprodukt entworfen, das Gutachten des Sachverständigenrates zur Entwicklung der wirtschaftlichen Lage in Deutschland begutachtet, eigene Arbeiten zum Verhältnis der Beschäftigungs- und Produktionssektoren vorgelegt – um hier nur einige Arbeitsinhalte zu nennen.

Keine Arbeit für einen Philosophen, der vor nunmehr 30 Jahren seine Doktorarbeit über das Verhältnis von Friedrich Hölderlin zur Philosophie des 18. Jahrhunderts abgeliefert hat – sollte man meinen. Meine 30 Berufsjahre waren insgesamt außergewöhnlich bunt und erfolgreich, gemessen mindestens an den Funktionen, Dienstposten und Ämtern.

Aber: Das Studium, genau dieses und kein anderes und so wie es betrieben wurde, hat mich zu dem qualifiziert, was ich war und was ich vermochte. Und – so wird man fragen – die Inhalte des oben Beschriebenen? Sind hierfür nicht wesentlich wirtschaftswissenschaftliche Kenntnisse – Betonung auf »wissenschaftlich« – erforderlich?

Prolog

Als 19-Jähriger hatte ich mich entschieden, die kaufmännische Lehre bei einem namhaften Industrieunternehmen im Mittelhessischen nicht die Vollendung der Entwicklung sein zu lassen und eine Ausbildung im Hessenkolleg begonnen. Natürlich mit dem wirtschaftswissenschaftlichen

Schwerpunkt, der dort auch angeboten wurde. Sehr schnell jedoch wurde klar, dass das Interesse an mehr Bildung wirklich Bildung und nicht Ausbildung oder Berufsvorbereitung gemeint hat. Wie eingangs angedeutet haben es die Lehrkräfte vermocht, mein Interesse auf geistes- und gesellschaftswissenschaftliche Zusammenhänge zu lenken, sodass feststand: Lehrer an Gymnasien – Studienrat durfte man damals noch sagen – für Geschichte und Deutsch wollte ich werden mit einer – nach meiner Erinnerung – klaren Ausrichtung auf die moralischen Grundlagen öffentlicher Bildungsvermittlung und Interesse für Faschismustheorien und deutsche Literatur, vor allem Thomas Mann und das 18. Jahrhundert.

Wenn ich es richtig sehe, stellte schon der Unterricht im Hessenkolleg die Bedingungen der Möglichkeit dar, zu verstehen, dass Bildung, Unterricht wesentlich die Vermittlung überfachlicher Qualifikationen bedeutet. Hier wurde der Keim gelegt für jenes Verständnis von Ausbildung – später auch an der Universität –, das den Inhalt als interessant, unterhaltsam ansah, den Wert der Bildung aber darin sah, Fähigkeiten zu vermitteln, die wir als Schlüsselqualifikationen begreifen. Nur so war es möglich, jene beruflichen Positionen nicht nur zu erlangen, sondern auch auszufüllen, von denen in der Vorrede gesprochen ist.

Von 1967 bis 1973 stand dann die Universität Gießen im Mittelpunkt meines Lebens. Dort hatte ich mich für das Lehramt an Gymnasien mit den Fächern Deutsch und Geschichte eingeschrieben und dieses Studium auch vier Semester betrieben. Allein: Die Studienpläne und Ausbildungsordnungen ließen viele Freiheiten zu, sodass eigentlich von vornherein die Philosophie im Mittelpunkt meiner akademischen Bemühungen stand. Einen nennenswerten Unterschied zwischen diesem als Hauptfach von sonst niemandem betriebenen Fach und der Germanistik, der Sozialwissenschaft und Teilen der Geschichte konnte ich nur am Rande wahrnehmen, sodass ich im Grunde ein Studium generale betrieben habe.

Nach dem vierten Semester bekannte ich mich dann zu meinen wissenschaftlichen und Erkenntnisinteressen und verließ die Lehrerausbildung. Von da an betrachtete ich die Literaturwissenschaft in Verbindung mit der Philosophie als eigentlichen Gegenstand des Studiums. Schwerpunkte des Interesses waren Literatur und Philosophie des 18. Jahrhunderts, hier vor allem Lessing, Schiller, Kant, Schelling und Hegel und endlich Friedrich Hölderlin, der ja recht eigentlich alle Denkansätze reflektiert und in seinen späten Oden verdichtet.

Als außerordentlich wichtig hat sich jedoch herausgestellt, neben der Geistes- auch eine Sozialwissenschaft zur Kenntnis zu nehmen. Daher beschäftigte ich mich – auch formalisiert und eingeschrieben – mit Politikwissenschaft und wählte dort als Schwerpunkt das 20. Jahrhundert – Totalitarismus, Faschismus und die Russische Revolution.

Nun waren die Grundlagen für die intellektuellen und – wichtig für die spätere Entwicklung des moralischen Habitus wie der beruflichen Karriere – methodischen Fähigkeiten gelegt. Auf das Methodische und die Beherrschung besonders der Fertigkeit, Inhalte fremder Natur sich anzueignen, rhetorisch ordnungsgemäß sich bewegen zu können, eine fachliche Kommunikation angemessen durchstehen zu können und mit Dritten inhaltlich und im geistigen Austausch auszukommen, sollte man besonderen Wert legen gerade bei einer Hochschulausbildung, die letztlich – pragmatisch gesprochen – zu nichts führt.

Dies ermöglicht zu haben bin ich dem Hessenkolleg in Wetzlar und der Justus-Liebig-Universität dankbar, hat sich doch herausgestellt, dass nur Dank jener methodischen Kompetenzen ein befriedigendes und erfolgreiches Berufsleben möglich war.

Ich schloss mein Studium 1973 ab und wurde am 19. 2. 1974 zum Doktor der Philosophie promoviert. Nicht unerwähnt bleiben darf die Tatsache, dass ich einige Jahre meinem Doktorvater als wissenschaftlicher Hilfsassistent gedient habe – auch dies unschätzbare und wesentliche Voraussetzung für die spätere berufliche Tätigkeit.

Der Arbeitsmarktexperte

Natürlich studiert man, was ich unter I ausgebreitet habe, nicht, um in der Arbeitsverwaltung Karriere zu machen. Das ursprüngliche Ziel, Lehrer zu werden, ließ sich kaum realisieren. Ich will es hier auch gleich einräumen: Für eine wissenschaftliche Laufbahn fehlte es an vielem, auch an Stellen, nicht zuletzt aber am fundamentalen Interesse des Autors.

Es galt also, die Alternativen für Geisteswissenschaftler herauszufinden. Journalismus, Bibliothek, Archive, öffentliche Erwachsenenbildung, Theater – alles Ansätze, die viele meiner Studienkollegen versucht, einige dann realisiert haben. Bei mir war es anders. Ich habe deutlich und klar erkannt, dass eine Tätigkeit als so genannter akademischer Berufsberater bei der Bundesanstalt für Arbeit mit allen mitgedachten Implikationen von

öffentlichem Handeln, Weiterhelfen, Gestalten im staatlichen Raum, auch
– ist es eine Schande? – Verwalten, Rechnen und Führen meinem menschlichen und fachlichen Gesamtbild am besten entsprach.

Nein, meine Tätigkeit bei der Bundesanstalt für Arbeit war weit davon entfernt, eine Notlösung gewesen zu sein: Ich habe mich bewusst und überzeugt für die Tätigkeit eines Berufsberaters für Abiturienten und Hochschüler entschieden. Natürlich in der auch damals – nicht nur im Nachhinein behaupteten – erarbeiteten Erkenntnis, hier oben geschilderte Schlüsselqualifikationen am besten anwenden zu können und in der Hoffnung, bald auch weiter führende Aufgaben übernehmen zu können.

Dies wurde bald Wirklichkeit, und – ich erhalte es aufrecht – das unter I geschilderte Studium war in allen Aspekten die Bedingung der Möglichkeit eines erfolgreichen Einstieges und einer raschen Weiterentwicklung. Die Zusatztätigkeit, die mir gleich am Anfang meiner Berufstätigkeit übertragen wurde und die mich besonders ansprach, war die Mitarbeit in einer bundesweit agierenden Studienreformkommission, in die mich die Bundesanstalt für Arbeit berief.

Der Einstieg in das Berufsleben war also leicht, auch wenn es an Kenntnissen und Erfahrungen hinsichtlich juristischer und verwaltungstechnischer Fragen fehlte. Aber dies war – auch weil die Bundesanstalt für Arbeit ein gutes Fortbildungsangebot aufwies – gerade wegen der im Studium erworbenen extrafunktionalen – vor allem methodischen – Kompetenzen leicht zu bewältigen. Relativ schnell, nach etwa einem Jahr, übertrug man mir den ersten Führungsposten; nach vier Jahren wechselte ich dann in eine andere Beratertätigkeit, deren Gestaltungsmöglichkeiten deutlich größer waren: Ich wurde akademischer Arbeitsberater. Hier kamen mir nun auch unmittelbar Kenntnisse aus dem Hochschulstudium zugute, weil hier auch das Wissen über Studieninhalte und Studiengestaltung erforderlich war. In den sechs Jahren, in denen ich mit dieser Tätigkeit befasst war, wurde ich dann auch mit der Arbeitsmarkt- und Berufsforschung und der Arbeitsmarkttheorie konfrontiert. Dieses Thema hat mich dann während der restlichen 23 Jahre meiner beruflichen Karriere nicht mehr losgelassen. Zu erwähnen ist noch, wie bedeutsam und hilfreich die Weiterbildung im Rahmen des Übertritts vom Angestellten- ins Beamtenverhältnis war.

Der Dienstherr Bundesanstalt für Arbeit ist gerade dafür und für das interne Fortbildungssystem besonders zu loben. Die Grundlagen juristischer, vor allem verfassungsrechtlicher, Denkweise, die mich nicht verlassen hat, waren hier gelegt und für die spätere Tätigkeit als Arbeitsamtsdirektor durchaus erforderlich.

Von 1986 bis 1990 folgten die für mich schönsten, weil wissenschaftlich inhaltsreichsten, Jahre. Als Referatsleiter »Arbeitsmarkt- und Berufsforschung« aber war ich besonders auf die in meinem Studium erworbenen methodischen Kompetenzen angewiesen, galt es doch, sich in die Grundlagen der Wirtschaftswissenschaft, besonders natürlich der Arbeitsmarkttheorie, und in die empirische Sozialforschung einzuarbeiten. Natürlich war ich nicht wissenschaftlich im engeren Sinne tätig, dafür gab es innerhalb der Bundesanstalt das IAB, Institut für Arbeitsmarkt- und Berufsforschung. Aber ich hatte für mich persönlich und für meine Gesamtqualifikation etwas viel besseres zu tun: nämlich Wissenschaftstransfer zu betreiben, Präsidenten, Direktoren, Berater, mit einem Wort: operativ tätige Mitarbeiter und – als wichtiger Bestandteil der Öffentlichkeitsarbeit der BA – Externe zu beraten. Hier begann eine interessante und wichtige Nebentätigkeit im Rahmen meiner Aufgaben: Ich wurde Dozent für Fragen der Arbeitsmarktpolitik und -theorie für verschiedene Verwaltungsschulen im Rahmen der internen Ausbildung junger Menschen innerhalb der Bundesanstalt für Arbeit. Dies habe ich, einschließlich der Mitarbeit – im Vorsitz – in einer Prüfungskommission, 12 Jahre gerne und mit viel Freude getan und dabei die inhaltsreichsten Momente erlebt.

Ich möchte davon ausgehen dürfen, dass das Studium der Geisteswissenschaft für die bislang aufgeführten Dienstposten und für die damit verbundenen Tätigkeiten nicht nur nicht schädlich, sondern ausgesprochen nützlich war. Denn: Was nimmt man als Philosoph in seinem Studium zur Kenntnis, was »lernt« man, zu was wird man qualifiziert? Natürlich ist es für einen Referatsleiter in einem Landesarbeitsamt verzweifelt gleichgültig, mit welchen Gründen Hegel Kant für dessen Moralphilosophie getadelt hat oder wie oft und mit welcher philologisch zu analysierenden Absicht Friedrich Hölderlin das Wort »Frieden« verwendet hat. Nicht jedoch gleichgültig ist die Kompetenz, die man beim Vortrag, bei der Erarbeitung der Präsentation des Vortrages, bei der Diskussion mit Kollegen im Studium erwirbt. Dies bleibt und befähigt zu beruflichen Tätigkeitsfeldern, die vermeintlich gar nichts mit den Studieninhalten zu tun haben. Ich habe meine Aufgaben, dies darf ich als pensionierter Ministerialrat sagen, nicht ohne Erfolg und öffentliche Aufmerksamkeit bewältigt. Jetzt aber kommt das ganz andere.

Von 1991 bis zum Jahre 2001, also 10 Jahre lang, durfte ich mich als so genannte Führungskraft innerhalb der Bundesanstalt bewähren. Zunächst als Stellvertretender Direktor eines großen, dann als Direktor eines kleineren Arbeitsamtes. Hinsichtlich der Karriere, der äußerlichen Bedeutung, war dies also dann der Höhepunkt meines beruflichen Curriculums. Wie aber kann ein philosophisch (aus-)gebildeter und arbeitsmarkttheoretisch aufgebrachter Mensch dann eine mittelgroße Behörde leiten – leiten hinsichtlich juristischer Probleme, leiten unter Beachtung des Haushaltsrechtes und entsprechender Berechnungen, leiten schließlich und wesentlich mit einem zielangemessenem Personalmanagement?

Natürlich war das Studium als solches dafür in keiner Weise Ausschlag gebend – die vorherigen Dienstposten, die Erfahrungen, die Beurteilungen waren es in viel größerem Maße. Was ich ursprünglich gelernt hatte, welchen Doktortitel ich hatte, interessierte niemanden, dass ich Doktor war schon eher. Der Titel hat die öffentliche Akzeptanz zwar nicht hergestellt, so oberflächlich ist die Gesellschaft nicht, aber doch hilfreich unterstützt.

Daraus lässt sich schließen: Die Voraussetzungen für den erfolgreichen Einstieg in das Berufsleben, für seinen befriedigenden und die Persönlichkeit weiterbildenden Verlauf hat das Studium – mehr als Methodenlehre denn in seiner inhaltlichen Gestaltung – gelegt. Insofern muss betont werden, dass dies geisteswissenschaftliche Studium, mit diesem Verständnis betrieben und genutzt, letzlich eben doch für diese Tätigkeitsbreite erforderlich war. Vor allem aber waren Studium und berufliche Laufbahn die Einlösung der grundsätzlich intellektuellen und ethischen Vorstellung von den öffentlich-rechtlichen Aufgaben, die gestaltet werden wollten im Interesse eines Staatsverständnisses, das den Menschen immer zum Zweck seines Handelns in den Mittelpunkt stellt. Auch diese Einstellung ist dem Studium verdankt.

Mein berufliches Curriculum vitae endet mit einer kurzen, aber heftigen Begegnung mit landesministerieller Verwaltung und politischer Gestaltung. Letztere begründend und bearbeitend zu begleiten – die Gestaltung im politischen Willen blieb natürlich der politischen Ebene überlassen –, war meine Aufgabe zwischen 2001 und 2003. Hier sollten sich alle Motive des

Willens, der Interessen und der Wünsche nach Gestaltung auf dem Arbeitsmarkt letztlich als beruflicher Höhepunkt bündeln. Dass diese Hoffnung einer »summa vitae« sich nicht ganz erfüllt hat, liegt im wesentlichen daran, dass die in den 12 Jahren zuvor erworbene neue Identität, die Sozialfigur des »Arbeitsamtsdirektors«, nicht mehr zu verdrängen war.

Meine Verpflichtung als Ministerialrat und Leiter eines sehr großen arbeitsmarkt- und wirtschaftspolitischen Referates erstreckte sich in einer an sich sehr befriedigenden Weise über eine unglaubliche Vielfalt: Interpretation wissenschaftlicher Texte und Stellungnahmen dazu, eigene Vorschläge zur Gestaltung der Landes-Arbeitsmarktpolitik, Formulierung von Stellungnahmen für Bundesrat und Bundestag, Gesetzesinitiativen bis hin zu fertig ausformulierten Bundes- und Landesgesetzen. Dabei war außergewöhnlich viel Reisetätigkeit zu Institutionen im Bund und zu anderen überregionalen Organisationen sowie natürlich zu den kommunalen Akteuren zu bewältigen. Auch hier blieb das Methodische, die erworbene extrafunktionale Qualifikation, von Bedeutung. Mit der Pensionierung im Jahre 2003 endete zwar das als professionelle Tätigkeit äußerlich halbwegs organisierte Engagement für eine öffentliche Durchdringung und Begründung von Arbeitsmarktpolitik, nicht aber das inhaltliche Interesse für diese Fragen. Meine Überzeugungen und Kenntnisse bilden nach wie vor die intellektuelle Basis des Pensionärs, der heute ehrenamtlich tätig ist.

Epilog – Was ist geblieben?

An dieser Stelle sollen alle Motive, Motivstränge, Implikationen und Ergebnisse dieses Berufsweges einschließlich seiner Bedingungen durch das Studium zusammengefasst werden.

Haben sich Erwartungen erfüllt, Ziele verändert? Würde man – die klassische, aber doch sehr wichtige Frage – diesen Weg, diese Ausbildung, das Studium, noch einmal wählen?

Wenn es eine Abstraktion aus diesem hier dargelegten Berufsleben gibt, dann die folgende: Es gibt – dies ist übrigens auch, so weit ich sehe, eine gesicherte Erkenntnis der Berufsforschung – offenkundig Tätigkeiten, die eine besonders spezialisierte Ausbildung nicht erfordern, sondern für die Ausbildung, hier Studium, lediglich die Bedingung der Möglichkeit ist: Die Überdeckungsgrade zwischen den Inhalten der Ausbildung – natürlich auch den dort erworbenen methodischen Fähigkeiten – und den späteren möglichen beruflichen Tätigkeitsfeldern müssen vielfältig sein. Maximal wäre eine Ausbildung, die theoretisch jede Tätigkeit ermöglicht. Dies ist bei sehr vielen Berufen sicherlich undenkbar; aber bei jenen, die ich ausgeübt habe, handelt es sich beispielhaft genau darum, das Unspezifische, also den geringen Spezialisierungsgrad der Ausbildung mit dem Unspezifischen der beruflichen Tätigkeit zu verbinden. Dass gerade das zu einem hohen Maß einer Professionalität besonderer Art geführt hat – der Modephilosoph Odo Marquard, den ich sehr schätze, nannte es den »Spezialisten fürs Allgemeine« –, gehört zu den Erfolgsbedingungen meines beruflichen Lebenslaufes. Wobei sicherlich deutlich geworden ist, dass dies für den Berufseinstieg in besonderem Maße gilt; auch die ersten fünf oder sechs Berufsjahre waren in diesem Sinne noch »Ausbildung«. Selbstverständlich kann man in einer Fachbehörde auf Dauer als »Spezialist fürs Allgemeine« allein nicht erfolgreich arbeiten – schon gar nicht auf den Dienstposten, die ich zum Ende hin ausgefüllt habe. Da war dann doch die ganze Breite juristischer Grundlagen erforderlich. Und dennoch: Diese mir angeeignet und kompetent vertreten zu haben, verdanke ich den Grundlagen von Aus- und Weiterbildung, soweit diese auch und wesentlich »methodisch« waren.

Würde der Autor – was bleibt? – alles noch einmal genau so machen? Wie viel Empfehlungscharakter hat das hier Geschriebene? Gar keinen. Die Studienbedingungen wie Bedingungen beim Berufseinstieg waren vor nun 30 oder gar 40 Jahren vollständig andere. Dies ist so nicht wiederholbar. Und er – der Autor – würde vor dem Hintergrund seiner Erfahrungen, weil das Berufsleben durch die Studienrichtungen hinsichtlich des äußeren Rahmens und formaler Bedingungen – das Inhaltliche habe ich in diesem Papier sehr positiv gewertet – nicht leicht war, diesen Weg nicht noch einmal einschlagen. Aber: Der Mensch hat, eine Ausbildung einmal gewählt, gar keine andere Chance als genau so zu handeln wie der Autor. Ist man einmal in die geisteswissenschaftliche Richtung gelaufen, bleiben nur Wege wie der hier beschriebene. Insofern: Es gibt doch eine Empfehlung und den Berufsweg würde ich auch immer wieder so und nicht anders gehen.

Der Epilog formuliert also einen Widerspruch in sich selbst? So ambivalent wie das berufliche Leben des Autors verlaufen ist, so ambivalent ist auch der Schluss und der Ausblick für den Leser.

Die Erwartungen an das berufliche Weiterkommen haben sich für den Autor – gesehen mit dem Blick des jungen Doktors der Philosophie – hinsichtlich einer so genannten Karriere mehr als erfüllt. Mein berufliches Leben ist in dieser Hinsicht außerordentlich überraschend und dabei sehr positiv verlaufen. Es endet mit dem Ministerialrat, der helfen durfte, die Arbeitsmarktpolitik eines Bundeslandes zu gestalten. Natürlich ist es nur möglich dies positiv zu werten, weil sich Ziele und Werte im Laufe des beruflichen Curriculums verändert haben. Aber ich habe ja gesagt, dass in einem, dem wichtigsten Punkt, sich die Ziele nicht verändert haben und dass ich diese Ziele für erreicht halte: gestaltend beim öffentlichen, also staatlichen, Handeln mitzuwirken.

Hätte ich nicht mich den Geisteswissenschaften mit Schwerpunkt Philosophie gewidmet, sondern vielleicht, wie es der Eingang als Kaufmann nahe gelegt hätte, den Wirtschaftswissenschaften, ist es denkbar, dass ich eine identische Laufbahn eingeschlagen hätte, jedoch mit vollständig anderen Ergebnissen. Die sechs oder sieben Jahre, die man sich mit der Geschichte unserer Kultur auseinandersetzt, prägen moralisch, intellektuell, politisch und menschlich. Nein, ich wäre ohne dieses Studium nicht da, wo mein berufliches Leben geendet hat, auch wenn trotzig zu sagen ist: Der Geisteswissenschaftler in juristischer und wirtschaftswissenschaftlicher Umgebung hat es schwer, nicht inhaltlich, aber formal. Jedoch, und um jedes weitere Missverständnis zu vermeiden, muss betont werden, dass der Autor niemals etwas anderes getan hat als Wissenstransfer im weiteren Sinne zu betreiben. Deshalb stand die innere und nach außen gerichtete Öffentlichkeitsarbeit auch ziemlich oben auf der Agenda seiner Verpflichtungen. Um den Satz der Philosophie umzukehren: Dieses Studium war eine hinreichende, aber keine notwendige Bedingung für den Karriere-Erfolg. Sie war jedoch eine notwendige Bedingung für das inhaltliche, »politische« (im unspezifischen Sinn gemeint) und menschliche Ergebnis dieses Lebens.

Dem jungen Menschen ist daher am Ende zuzurufen: Die Korridore der Einschlägigkeit sind eng und es drängeln sich viele darin; die Welt des Unspezifischen ist weit und für Philosophen durchaus geeignet, wenn man es versteht, die ungeheure Kraft des Methodischen in diese Vielfalt einzubringen.

SVEN JÜRGENSEN

Die Irritation der Philosophie

Ein Philosoph auf der Pressebank

Sven Jürgensen, geboren 1961 in Hamburg, verheiratet, 4 Kinder. Nach dem Studium der Philosophie, Kunstgeschichte und Deutschen Literaturwissenschaft an den Universitäten in Hamburg und Braunschweig folgte 1994 die Promotion an der Universität Osnabrück über »Freiheit in den Systemen Hegels und Schellings«. Als Journalist arbeitete er für Hörfunkredaktionen von ARD und DLR. Außerdem nahm er eine Dozententätigkeit an der Universität Hamburg auf. 1999 wechselte er ins Presseamt der Stadt Osnabrück, das er seit 2001 leitet.

Vieles andere hätte näher gelegen. Vieles hätte sich bruchlos anschließen können. Vieles hätte einfacher und vielleicht auch erfolgreicher sein können. Ein Politik- oder Soziologiestudium hätten sich angeboten, damals in der hitzig aufgeladenen Zeit der Bürgerbewegungen gegen Atomkraft und Nato-Nachrüstungsbeschluss, deren oppositioneller Ton mich so stark affiziert hatte. Auch Geschichte wäre ein Forschungsgebiet gewesen, das auf einer geraden Linie meiner Interessen gelegen hätte, um mein politisches Selbstverständnis auf einen soliden Grund zu stellen. »Wir müssen aus der Geschichte lernen« war ja zu einer selbstverständlichen Floskel geworden, die sich ideologisch so verhärtet hatte, dass sie buchstäblich nichts mehr zu sagen vermochte. Auch Sozial- oder Sonderschulpädagogik wären sicher nicht verkehrt gewesen. Warum gerade Philosophie? Mir war ja nicht einmal die wörtliche Übersetzung bekannt. Aber selbst wenn ich sie gekannt hätte, wäre das wohl kein Hindernis gewesen, meine naive Neugierde in diese Richtung zu lenken. Überhaupt hatte ich nur eine sehr ungefähre und verschwommene Vorstellung über die Philosophie. Vielleicht hatte ich zunächst auch deswegen die Absicht, diesem Studium das der Geschichte und Politikwissenschaft an die Seite zu stellen. Davon verabschiedete ich mich aber sehr schnell und wählte stattdessen Literaturwissenschaft und Kunstgeschichte als Nebenfächer, um mich im selben

Atemzug von jedem Aktivismus und allen politischen Neigungen zu verabschieden. Für Jahre versank ich in einer neuen Welt der Philosophie, Literatur und Kunst. Studentenstreiks und Resolutionen interessierten mich von einem Tag auf den anderen nicht mehr. Der darin waltende Zweckoptimismus und die Instrumentalisierung des Denkens waren mir zutiefst suspekt geworden.

Noch immer, mehr als 20 Jahre später, wundere ich mich über die Entscheidung für die Philosophie. Denn auf eine solide Vorbildung, die mich motiviert hätte, konnte ich nicht zurückgreifen. Die Schule hatte mir den Zugang zur Philosophie, zur Literatur und zur Kunst gründlich verdorben – was weniger ein Urteil über Schule und Lehrer, als vielmehr eine Anmerkung über meine tief verwurzelte Abneigung gegen tradierte Autoritäten sein soll. Vielleicht bin ich wegen dieser Disposition auch schon früh auf die Romane Hermann Hesses gestoßen. Das melancholische Glühen seiner Romanfiguren hatte mich wohl fasziniert. Das in immer neuen Anläufen beschriebene neoromantische Scheitern seiner zumeist jugendlichen Protagonisten an einer Welt, die sich nicht um ihre Talente und Interessen kümmert, habe ich als Jugendlicher aufgesogen, um diese Bücher dann später für Jahrzehnte in Kisten auf verschiedenen Dachböden verschwinden zu lassen. Das mag mit einer ganz anders gearteten Lektüreerfahrung zu tun gehabt haben. Ich lernte die Schriften von Karl Marx kennen, die mich sehr irritierten: zunächst die populären, selbstverständlich »Das kommunistische Manifest« und »Lohn, Preis und Profit«, dann auch »Das Kapital«, die auf mich wie eine Befreiung wirkten. Die kritische Kraft in Marx' Werken spürte ich schnell heraus – und zwar über seinen rücksichtslosen Stil, der mich unmittelbar ansprach und in mir einen andauernden Resonanzboden fand, obwohl sich ein Verständnis nur zögerlich einstellen wollte. Immerhin konnte ich mit dieser Lektüre bereits eine gewisse Hartnäckigkeit ausbilden: Ich las zunächst, ohne zu verstehen, und verstand so irgendwann auch zu lesen, sodass diese Texte zögerlich ihren unter dem rüden Ton verborgenen kritischen Reichtum preisgaben. Aber auch von den Schriften Marx' verabschiedete ich mich mit dem Beginn meines Studiums für Jahre. Erst viel später sollten mir seine Werke wieder begegnen – ausgerechnet im irritierenden Kontext eines Außenseiters, dessen Ernst, dessen nimmer ermüdende Kraft mich in seine Umlaufbahn zogen: Ich hatte das Glück, einer Vernunft begegnen zu dürfen, die die Vernunft der Philosophie ans Licht brachte. In dem

»Vernunftgefüge der Moderne« Heribert Boeders behauptet Karl Marx neben Friedrich Nietzsche und Martin Heidegger eine zentrale Position. Aber davon später.

Mag die Philosophie selbst mit dem, wie Platon bemerkte, Erstaunen angefangen haben, so war mein Einstieg eher von einer durchschlagenden Irritation geprägt – einer Irritation, die eng mit Leseerfahrungen auf der einen Seite verbunden war und auf der anderen mit dem politisch aufgeladenen Zeitgeist. Vielleicht ist es aber nicht ganz unwichtig zu erwähnen, dass der Gedanke, Philosophie studieren zu wollen, nicht allmählich gereift war, sondern abrupt einschlug. Gewissermaßen überprüfen konnte ich diese Absicht während einer Reise durch Griechenland, wo ich Athen sah, auch Delphi, Theben und Olympia. Ich sah diese Orte, aber sie hatten mir nichts zu sagen. Sie verstärkten aber immerhin mein Interesse und verwandelten den Gedanken in einen Entschluss.

Auf diese Weise geprägt, schrieb ich mich, nachdem ich ein halbes Jahr halb Europa erkundet hatte, 1983 an der Universität in Hamburg als Student der Philosophie ein. Ich war im wahrsten Sinne des Wortes ein unbeschriebenes Blatt. Eigentlich hatte ich keine Ahnung, was da auf mich zukommen würde. Und so musste ich zunächst durch einige Enttäuschungen hindurch. Kants »Grundlegung zur Metaphysik der Sitten« blieb mir genauso verschlossen wie die »Monadologie« von Leibniz – dessen Name auch an der Universität zu schlechten Witzen herausforderte. »Die ursprünglich synthetische Einheit der Apperzeption« in der »Kritik der reinen Vernunft« von Kant: ein abweisendes Massiv. Das »Ich bin Ich« Schellings oder Fichtes: eine scheinbare Selbstverständlichkeit, die sich in einen ungreifbaren Dunst auflöste. Adorno und Benjamin: Synonyme für kaum zu entschlüsselnde Texte. Obwohl ich mich fleißig bemühte, wollten mir diese Autoren von sich nicht mehr als ihre Buchrücken zeigen. Und ich selbst war noch nicht in der Lage, um sie herumzugehen.

Gründe gegen das Philosophie-Studium

Die besten Gründe sprechen gegen dieses Studium – heute, da sich die Universitäten in Dienstleistungsunternehmen verwandeln, noch mehr als in den 80er Jahren. Die Philosophie wird verdrängt und fristet nur noch dort ein kärgliches Dasein als Kammerdiener, wo sie sich anderen andient. Oder sie wird wie eine Zierblume gehalten: schön aber überflüssig. Offensichtlich sind die Geisteswissenschaften einem großem Legitimationsdruck ausgesetzt, dem sie nichts entgegenzusetzen haben. Sie bringen nicht die Kraft auf, um aus sich selbst diesem Druck von außen standzuhalten. Diese Kläglichkeit mag mit einem Prozess zu tun haben, in dem der Mensch verzweifelt versucht, sich selbst überflüssig zu machen – oder mit den Worten Michel Foucaults gesagt: »Unsere Tage beweisen ohne Zweifel die Tatsache, dass die Philosophie immer noch und immer wieder im Begriff ist, zu enden, und die Tatsache, dass vielleicht in ihr und noch mehr außerhalb ihrer selbst und gegen sie, in der Literatur wie in der formalen Reflexion, die Frage der Sprache sich stellt, dass der Mensch im Begriff ist, zu verschwinden.« Foucault schließt seine Abhandlung »Die Ordnung der Dinge« mit der Beobachtung: »Der Mensch ist eine Erfindung, deren junges Datum die Archäologie unseres Denkens ganz offen zeigt. Vielleicht auch das baldige Ende.« Schließlich wettet Foucault, »dass der Mensch verschwindet wie am Meeresufer ein Gesicht im Sand«.

Aber auch außerhalb der Universitäten ist zu beobachten, dass die Geschichte des Geistes wie abgerissen ist und sich als Bezugspunkt auch für das öffentliche Gespräch in Zeitungen und Medien nicht mehr anbietet. Allen Beschwörungen zum Trotz, obwohl so viel von Erinnerungskultur geredet wird: Ich habe den Eindruck, dass die Erinnernden im Erinnerten vor allem mit sich selbst beschäftigt sind.

Einmal abgesehen davon, dass die Universitäten der Philosophie kein Asyl mehr bieten, sie stattdessen in ein Asyl der Ort- und Zeitlosigkeit geschickt haben, gibt es andere, vielleicht näher liegende Gründe: Jeder Student, der hofft, nicht nur für, sondern irgendwann auch einmal von der Philosophie leben zu können, ist ein Träumer – was nicht heißen soll, dass das Unmögliche einfach unmöglich ist. Das Risiko, vorzeitig, aber doch zu spät das Studium abzubrechen, sodass man sich bei Zeiten nicht mehr neu orientieren kann, scheint mir sehr groß zu sein. Es ist umso größer, als die Lehrpläne zu wenig verbindliche Vorgaben machen. Der Rahmen des Studiums nähert sich der Unverbindlichkeit, sodass eine Orientierung jedem Anfänger schwer fallen muss. Und so kann es durchaus passieren, dass Studenten in fortgeschrittenen Semestern noch nie über ein Wort von Platon oder Aristoteles, Augustinus oder Thomas von Aquin, Kant oder Hegel nachgedacht haben. Dabei gehört doch auch zur Philosophie nicht nur Genie, sondern dem zuvor viel mehr Handwerk. Und das ist, genauso wie jedes andere Handwerk auch, lehr- und lernbar. Die wichtigen Epochen der Philosophiegeschichte muss meines Erachtens jeder Student kennen lernen, die wichtigsten Schriften sollte das Studium vermitteln. Es mag viele unterschiedliche Urteile über die Relevanz einzelner philosophischer Konzepte geben, es gibt aber ebenso auch Positionen, die zum Kanon der Philosophiegeschichte gehören. Die Kenntnis dieses Kanons müsste für das Studium genauso verbindlich sein wie die eindringliche Interpretation einzelner Werke. Erst wenn man eine Vorstellung vom Kosmos der Philosophie erhält, können einzelne Sterne oder Planeten besiedelt werden. Gleiches gilt aber auch umgekehrt. Denn wie entdeckt man den Kosmos? Selbstverständlich durch das wachsende Verständnis für einzelne Sterne. In einer zerfallenden Welt der Spezialisten ist ein Aufbau des Studiums, der einen Weg vom Einzelnen zum Allgemeinen und zugleich die umgekehrte Richtung, vom Allgemeinen zum Einzelnen, verpflichtend anbietet, kaum möglich. Welcher Lehrer wollte das Ganze im Sinne einer vollendeten Unendlichkeit sich und seinen Schülern zumuten?

Es steht mir nicht an, Studenten Ratschläge zu geben, wie sie heute ihr Studium organisieren sollen. Ich selbst hatte mich entschieden, mit dem Magister abzuschließen, würde heute aber empfehlen, auf jeden Fall den Lehramtsstudiengang zu wählen. Die Schule könnte heute ein Ort sein, wo sinnvollerweise Philosophie unterrichtet werden sollte. Wenn man also das Risiko eingeht, Philosophie zu studieren, dann sollte man sich zumindest mit einem Standbein absichern. Je tiefer man beabsichtigt, in die Welt der Philosophie hinabzusteigen, desto notwendiger ist es zugleich, das Licht des Alltages nicht zu scheuen. Ich war damals finanziell einigermaßen abgesichert, sodass ich glaubte, ein gewisses Risiko eingehen zu können. Zur Nachahmung empfehle ich das aber niemandem.

Sehr geholfen hat mir bei meinen ersten Gehversuchen auf philosophischem Terrain Prof. Dr. Wolfgang Bartuschat. Ihm verdanke ich gewissermaßen die ersten Eindrücke von der schwer erkennbaren Klarheit der Texte Descartes', Spinozas, Leibniz' und Kants. Der Leser muss sich eigentlich nur bemühen zu erkennen, was er mit seinen Augen sieht, dann entfaltet sich fast von allein diese nie alternde geistige Kraft.

Nach einigen Semestern in Hamburg traf ich eher zufällig einen entfernten Bekannten, der mir von seinem Philosophie-Studium an der TU Braunschweig bei Prof. Boeder und Prof. Scheier erzählte. In dieser Stadt sollten tatsächlich Professoren lehren, die etwas Vernünftiges über Heidegger zu sagen hatten, Hegel und Fichte genauso wenig verabscheuten wie Parmenides, Platon und Aristoteles? Die über das »Neue Testament«, Plotin, Augustinus und Thomas von Aquin tiefsinnige Einsichten zu vermitteln und auch über Rousseau, Hölderlin und Schiller Lehrveranstaltungen anzubieten hatten? Diese wenigen Informationen irritierten mich so sehr, dass ich die nächste Gelegenheit ergriff, um nach Braunschweig zu fahren. Ich erinnere mich noch genau an den milden Sommertag im Jahre 1986: Prof. Scheier las vormittags über Schellings »Das System des transzendentalen Idealismus« (ein Text, der für meine Promotion eine große Bedeutung erhalten sollte), und Prof. Boeder gab abends ein Seminar über den eigentümlichen Vortrag Heideggers »Zur Frage nach der Bestimmung der Sache des Denkens« von 1965. Heideggers Überlegungen über die Überflüssigkeit, über das Ende der Philosophie können durchaus eine unmittelbare Betroffenheit erzeugen. Die Erfahrung, dass sich das Verhältnis des heutigen Menschen zur geschichtlichen Überlieferung in ein bloßes Informationsbedürfnis verwandele, mag da schon eine deutliche Reserviertheit, wenn nicht Ein- oder gar Widerspruch hervorrufen. Dass aber der Raum räumt, dass im Räumen des Raums Lichtung spielt; dass die Zeit zeitet, dass im Zeiten der Zeit Lichtung spielt, lässt Betroffenheit schnell wieder abkühlen, Widerspruch schnell wieder erlahmen. Aber genau an diesem Punkt habe ich das erste Mal die wuchtige Kraft der fruchtbaren Durchdringung meines späteren Doktorvaters kennen gelernt. Für ihn: kein Unfug einer sinnlosen Tautologie, sondern eine aufs kürzeste zusammengefasste Erfahrung des Denkens.

Die Fremdheit der Philosophie

Wieder einmal war ich irritiert, aber auch so hingerissen, dass ich schon im nächsten Semester in Braunschweig mein Studium fortsetzte. Diese beiden Lehrer vermittelten auf sehr unterschiedliche Weise ein so intimes Verhältnis zur Philosophie, wie ich es nicht für möglich gehalten hatte. Und doch waren sie in dem hochschulwissenschaftlichen Betrieb eher Außenseiter. Ihr universales Wissen war nicht nur – auch in vielen Details – demjenigen der Experten bei weitem überlegen. Bei Boeder und Scheier lernte ich erstmals einen Geist kennen, den ich in den Geisteswissenschaften unserer Zeit nicht mehr erwartet hatte. Und so hatte ich das Glück, einige Jahre bei Professoren studieren zu dürfen, die nicht mehr oder weniger interessante Meinungen äußern, sondern auf unterschiedlichen Wegen Maß nahmen an der Vernunft selbst, wie sie sich durch die Geschichte der Philosophie überliefert hat. Anders als Scheier, der Hörern und Lesern fruchtbare Geistesblitze wie hell leuchtende Sternschnuppen schenkt, die ganze Kontinente der Philosophiegeschichte zu erleuchten vermögen, und diese in vielen Vorträgen und Veröffentlichungen seinen Lesern überlässt, verfolgt Boeder eine systematische Absicht, die der endlosen Tradition der Philosophie einen Grund einzieht. Die Philosophie verwandelt Boeder in den Begriff der Philo-sophia, einer Liebe zur Weisheit, als welche bestimmte Positionen der Vernunft ein vorphilosophisches Wissen – die sophia – durch eine bestimmte Logik bergen. Vielleicht ist es aber weniger das Konzept Boeders gewesen, das für mich eine so große Anziehungskraft entwickelt hat, als vielmehr die Möglichkeit, einen Mann der Vernunft bei seiner Arbeit beobachten zu dürfen. Denn diese Arbeit, weniger die fertigen Ergebnisse, hat mein Verhältnis zur Philosophie geprägt wie nichts anderes.

Nach Osnabrück bin ich im Jahre 1989 gekommen, weil Boeder von der östlichen Grenze Niedersachsens an die westliche wechselte, um in Osnabrück seine Laufbahn als Hochschullehrer einige Jahre später zu beenden. Ich schloss mein Studium in Braunschweig schneller als geplant ab, um möglichst bald mit der Promotion bei meinem Lehrer in Osnabrück beginnen zu können.

Journalismus und Philosophie

Wenige Monate nach dem Fall der Mauer versuchte ich Kontakt zu Philosophiestudenten in Jena aufzunehmen. Der Besuch in Jena sollte weniger meinen philosophischen Interessen eine Wende geben als vielmehr dazu beitragen, meine Studien auf eine halbwegs gesicherte finanzielle Basis zu stellen. Wie gesagt: Ich war meinem Doktorvater von Braunschweig nach Osnabrück gefolgt. Um ein Promotionsstipendium wollte ich mich bemühen, hatte aber keine konkreten Aussichten, sodass ich vor der Frage stand, wie ich die Promotion finanzieren sollte. Zwar wurde ich Dozent an der Osnabrücker Volkshochschule, verdiente aber so wenig – eine Erfahrung, die ich später noch öfter machen durfte –, dass ich diesen Job wieder aufgab. Irgendwie kam ich auf den Gedanken, dass ich vielleicht als Journalist meine Promotion finanzieren könnte. Ich hatte die Hoffnung, dass die Schnittmenge zwischen Philosophie und Journalismus so groß sein würde, dass sich diese Kombination anbieten würde. Es hat mich einige Überwindung gekostet, aber irgendwann rief ich im Osnabrücker NDR-Studio an. Meine Frage, ob ich als freier Mitarbeiter oder zumindest als Praktikant für den NDR arbeiten könne, wurde zumindest nicht abschlägig beantwortet. Ich sollte einen Probebeitrag schreiben und mich dann wieder melden. Und so bemühte ich mich, aus meinen Erfahrungen in Jena meinen ersten Beitrag für den Hörfunk zu schmieden. Freunde halfen mir dabei, für meine Beobachtungen eine hörfunkgerechte Sprache zu finden. Ich telefonierte wieder, durfte vorsprechen und war am kommenden Tag als freier Journalist für den NDR tätig.

Damals waren die Hörfunkprogramme der öffentlich-rechtlichen Anstalten noch längst nicht so formatiert wie heute. Vieles versendete sich, ohne zu stören. Und so hatte ich genügend Zeit auch dank der Unterstützung freundschaftlich helfender Kollegen, zu üben, auszuprobieren und einen eigenen Stil zu entwickeln. Es sollte allerdings noch lange dauern, bis ich in der Lage war, meine geisteswissenschaftlichen Interessen in journalistische Beiträge umzusetzen. Von den Themen des Geistes, die mich eigentlich interessierten, von diesen Themen war ich als Journalist noch weit entfernt. Ich musste erst einmal das Handwerkszeug lernen und bearbeitete Themen, von denen Redakteure glaubten, dass sie interessant für die Hörer ihres Programms sein könnten – learning by doing. Und so brütete ich abends über die Philosophen des Deutschen Idealismus – über das Wesen der Freiheit in den genauso verzwickten wie großartigen Werken Fichtes, Schellings und Hegels, nachdem ich mich tagsüber als Hörfunkjournalist bewähren musste – mit Themen wie: »Ein Tierfriedhof in Osnabrück«, »Die Feuerwehr rettet eine Katze vom Baum«, »Der kälteste Arbeitsplatz im hochsommerlichen Osnabrück«.

Anders als ich gehofft hatte, musste ich mir eingestehen, dass mich die Philosophie bei meiner journalistischen Arbeit eher stört und hemmt, als fördert und unterstützt. Von meinen Leseerfahrungen und meinen Versuchen, schreibend bestimmte Probleme der Philosophie zu verstehen, konnte ich überhaupt nicht profitieren, um journalistische Texte zu verfassen. Meine Beschäftigung in den Jahren zuvor hatte mir kein Handwerkszeug zur Verfügung gestellt, um Probleme des Alltags journalistisch zu bewältigen. In diesem Umfeld bedeuten philosophische Studien nichts – ich konnte sie einfach nicht gebrauchen für die geforderte Schlichtheit einer Gedankenführung, die beim einmaligen Zuhören unmittelbar und schmerzfrei erfasst werden musste. Eine plakative Sprache war gefordert – formelhaft prägnant, die reibungslos durch die Ohren weht. Dafür war ich aber nicht ausgebildet und entsprechend hilflos agierte ich zunächst. Als müsste ich zwei Welten koordinieren: eine, die in sich gekehrt Selbstzweck ist, die andere, nach außen gekehrt, um andere zu informieren oder zu unterhalten.

Ein Volontariat kam für mich nicht in Frage, weil mir am Anfang meiner journalistischen Laufbahn klar war, dass ich diese Arbeit brauchte, um meine Promotion zu finanzieren. Optimal, und das war mein Ziel, würde es sein, wenn ich Journalismus und Philosophie miteinander verknüpfen könnte. Gerne würde ich Bücher rezensieren und Ausstellungen vorstellen. Aber davon war ich, wie gesagt, noch weit entfernt. Glücklicherweise erhielt ich in dieser Zeit ein Stipendium der Universität. Über zwei Jahre war ich nun finanziell unabhängig. Ich machte aber nicht den Fehler, den Kontakt zum NDR völlig einschlafen zu lassen. Ich arbeitete gerade so viel, dass ich nicht vollständig in Vergessenheit geriet. Nach zwei Jahren konnte ich das Stipendium nicht weiter verlängern, war aber mit der Dissertation noch nicht fertig. Und so musste ich nun endgültig auf eigenen Beinen stehen.

Inzwischen war ich aber immerhin so weit gekommen, dass ich mich an die Arbeit machte, zunächst die Welt der NDR-, später dann die Welt der ARD-Hörfunkredaktionen aufzuschließen. Ich bot Berichte über Veranstaltungen an – Ausstellungen, Theateraufführungen, Festivals, Kongresse –, die in Osnabrück stattfanden. Dabei war ich durchaus erfolgreich und habe viele Redakteure gesprochen, die an meinen Themenvorschlägen interessiert waren. In Städten wie Hamburg, Berlin, Köln oder München werden genug Themen angeboten, die von dort lebenden Journalisten bearbeitet werden. Dass aber Osnabrück eher am Rande der überregionalen Aufmerksamkeit liegt, war meine Chance, die ich so gut es möglich war, genutzt habe. So konnte ich viele Themen verschiedenen Redaktionen anbieten und journalistisch umsetzen, die überall spielen können, warum also nicht in Osnabrück. Dabei brachte ich Themen auf den Markt, von denen ich heute noch profitiere. Bei diesen telefonischen Absprachen spielte immer die Zuverlässigkeit eine große Rolle. Ich hatte den Eindruck, dass meine Beiträge auch deswegen ins Programm genommen worden sind, weil ich immer zuverlässig geliefert habe. Ich erinnere mich noch an einem Beitrag über den Besuch des Dalai Lama 1998 in Osnabrück. Ein

Interview war zu einem bestimmten Zeitpunkt fest verabredet. Etwa drei Stunden später sollte es als so genannte »Sammel-Überspielung« den ARD-Hörfunkredaktionen zur Verfügung gestellt werden. Das Interview kam aber erst etwa eine Stunde später zu Stande, was mich in größte Zeitnot brachte. Erschwerend kam hinzu, dass ich das Englisch des Dalai Lama, das ich für den Beitrag übersetzen musste, kaum verstand. Trotzdem konnte ich liefern – allerdings drei Minuten zu spät, sodass von dem Beitrag ein oder zwei Sätze fehlten.

Nun war ich also endlich da, wohin ich längst wollte: Ich konnte meine geisteswissenschaftlichen Interessen mit meinen journalistischen verbinden. Endlich konnte ich auch Bücher rezensieren, viele Bücher über Kafka und Raabe, Husserl und Heidegger, Horkheimer und Remarque. Ausschließlich davon konnte ich zwar nicht leben, aber immerhin: Ich lebte nicht mehr nur für, sondern ein bisschen auch von der Philosophie.

Zur Strukturierung einer Dissertation

»Freiheit in den Systemen Hegels und Schellings« war das monströse Thema meiner Promotion, das ich mir selbst gestellt hatte. Wenn mir klar gewesen wäre, welche Textmassen zunächst zu bewältigen waren, um überhaupt einen Überblick zu bekommen, wenn mir klar gewesen wäre, welche ungeheuren Schwierigkeiten etwa mit der Lektüre von Schellings »Freiheitsschrift« oder mit der von Hegels »Phänomenologie des Geistes« oder auch seiner »Wissenschaft der Logik« verbunden sind – ich hätte mich wohl umorientiert, einen kleineren Ausschnitt gewählt, der besser in den Griff zu bekommen ist. Rückblickend kann ich nur jedem Doktoranden empfehlen, sich vor Beginn der eigentlichen Arbeit eine möglichst klar strukturierte Fragestellung zu einem Thema zu geben, das bereits vor Beginn der eigentlichen Arbeit ein möglichst deutliches Profil zeigt. Man spart auf diese Weise viel Zeit, die man sonst für einen umständlichen Klärungsprozess benötigt. Außerdem steigt so die Chance, die Promotion überhaupt erfolgreich zu beenden. Keiner sollte das Risiko eines Abbruchs, oder schwieriger noch, die Endlosigkeit des nie Fertigwerdens unterschätzen.

Ich hatte mir vorgenommen, den Begriff der Freiheit in den systematischen Werken Hegels und Schellings zu verfolgen. Ausgangspunkt für meine Untersuchung war ihre Kritik an Fichtes »Grundlage der gesamten

Wissenschaftslehre von 1794«. Über diesen höchst merkwürdigen Text hatte ich zwar auch schon meine Magisterarbeit geschrieben, der Prozess des produktiven Verstehens begann aber eigentlich erst später, nämlich 1992, als ich einen Vortrag für eine Fichte-Tagung über die Unterscheidung der Realität ausarbeitete. Nur wenige Tage danach hielt ich einen weiteren Vortrag über das absolute Ich und das Selbstbewusstsein in den frühen Schriften Schellings. Mit diesen beiden Vorträgen wollte ich versuchen, das erste Mal in der wissenschaftlichen Welt zu bestehen. So wichtig solche Bemühungen auch für mich persönlich gewesen sein mögen, ich musste irgendwann die Hoffnung aufgeben, an der Universität eine berufliche Heimat zu finden.

Auch meine Zeit als Dozent an der Universität Hamburg änderte daran nichts. Dabei probierte ich in Seminaren über Hegel, Schiller und Fichte aus, was ich den Studenten überhaupt anbieten konnte und wieweit die Studenten mitgehen konnten. Jegliche ‚Pädagogisierung' des Stoffes blieb dabei auf der Strecke. Aber dieses Risiko wollte ich bewusst in Kauf nehmen, weil ich glaube, dass Studenten getäuscht werden, wenn ihnen der Eindruck vermittelt wird, das es die Philosophie denen leicht macht, die sich mit ihr beschäftigen. Das Gegenteil ist der Fall. Und deswegen ist es sinnvoll, Studenten möglichst früh reinen Wein einzuschenken, ihnen möglichst früh einen Eindruck von der radikalen Fremdheit vieler philosophischer Texte zu vermitteln.

In dieser Zeit beabsichtigte ich, ein Thema für eine mögliche Habilitation vorzubereiten, aber diese Pläne gab ich irgendwann auf, weil ich auch aus familiären Gründen sehen musste, mir eine solide Lebensbasis zu erarbeiten.

Das Jahr 1998

Zu einer entscheidenden Wende für meine berufliche Laufbahn wurde das eben schon genannte Jahr 1998. Der Zufall wollte es, dass ich allein in diesen Monaten so viel aus Osnabrück berichten konnte wie nie zuvor. Drei Ereignisse fielen in dieses Jahr: Die Stadt erinnerte mit einem umfangreichen Programm an den Westfälischen Frieden von 1648, der also vor 350 Jahren in Münster und Osnabrück geschlossen wurde. 1998 wurde in Osnabrück das erste Bauwerk Daniel Libeskinds, das Felix-Nussbaum-Haus, der Öffentlichkeit übergeben. Außerdem wäre der gebürtige Osnabrücker

Schriftsteller Erich Maria Remarque 100 Jahre alt geworden. Drei Ereignisse in einem Jahr, die mir viele Möglichkeiten für die Berichterstattung als Hörfunk- und Fernsehjournalist eröffneten.

Das Jahr 1998 war so intensiv gewesen, dass später eigentlich nur noch Routine folgen konnte. Ich strebte also eine berufliche Veränderung in Osnabrück oder mit meinem Beruf eine Ortsveränderung an. Ich wollte etwas Neues kennen lernen. Dieses »Entweder-oder« wurde zu einem »Sowohl-als-auch«. Ich wechselte zwar Ende 1998 zunächst in eine andere Stadt, kehrte aber schon im Sommer 1999 zurück, denn im Presseamt der Stadt Osnabrück war eine Stelle ausgeschrieben worden, auf die ich mich beworben und die ich dann auch bekommen habe. Seit Anfang 2001 bin ich Leiter dieses Amtes in der Stadtverwaltung und noch immer irritieren mich die vielen unterschiedlichen Arbeitsabläufe einer Stadtverwaltung, die letztlich alle nur einer Aufgabe dienen, die Interessen der Allgemeinheit zu organisieren.

Im Presseamt einer Stadtverwaltung

Was ist geblieben? Mehr als eine Erinnerung? Mehr als eine Prägung? Ein Pressesprecher muss natürlich kein Philosoph sein – vermutlich sind es die wenigsten –, er sollte aber doch mit einigen Techniken des Journalismus vertraut sein. Diese Erfahrungen haben für meine heutigen Aufgaben eine große Bedeutung.

Und die Philosophie? In den vergangenen Jahren ist fast nicht mehr als das Gefühl einer Irritation geblieben, eine Sehnsucht, die, wie Fichte gegen Ende seiner frühen Wissenschaftslehre von 1794 ausführt, in einem erfüllten, aber zeitlosen Moment ein Gefühl der Zufriedenheit, der Übereinstimmung des Ich mit sich selbst erzeugen kann. Seit einigen Monaten habe ich aber wieder Kontakt zur Philosophie aufgenommen: Ein Luxus, denn heute brauche ich von der Philosophie nicht mehr zu leben. Wenn sich Gelegenheiten bieten, wie der 100. Geburtstag Adornos im vergangenen Jahr oder der 200. Todestag Immanuel Kants, schreibe ich Artikel für die »Neue Osnabrücker Zeitung«. Auch Bücher rezensiere ich – seltener, aber immerhin: Ich lese wieder.

HANNA ERDINA LAUTERBACH

Friede in den Gedanken ist das ersehnte Ziel dessen, der philosophiert.
(Wittgenstein)

Berufsweg einer Philosophin

Ich habe Philosophie immer nur aus existenziellen Gründen studiert und mich um praktische Fragen, etwa wie ich mit so einem Studium mein Brot würde verdienen können, bis zum Magister überhaupt nicht gekümmert. Auch danach, als ich für meinen Lebensunterhalt allein aufkommen musste, habe ich mich nicht systematisch oder zielstrebig mit dieser Frage beschäftigt, sondern bin weiter, soweit irgend möglich, meinen Neigungen gefolgt. Wie so manche Närrin muss ich eine Art Schutzengel gehabt haben. Er sorgte dafür, dass ich mit vierzig Jahren zu meinem eigenen Erstaunen in einem ganz normalen akademischen Berufsfeld landete: der Universität.

Dort arbeite ich als Wissenschaftliche Mitarbeiterin in einem nicht-wissenschaftlichen Gebiet, nämlich im Zentralbereich der Technischen Universität München (TUM), wo Einrichtungen angesiedelt sind, die weder zur Verwaltung noch zu den Fakultäten gehören, wie die Pressestelle, das Fundraising und meine eigene Arbeitsgruppe, Alumni & Career. Sie wurde im Jahre 1999 mit dem Auftrag eingerichtet, ein zentrales Alumni-Netzwerk für die Technische

Hanna Erdina Lauterbach, geboren 1961 in Essen. Studium an der Hochschule für Philosophie der Jesuiten und an der LMU in München. Anschließend Promotionsstudium, Aufbaustudium Erwachsenenbildung, Referententätigkeit, frauenbewegtes Engagement. Nach einer Ausbildung in Körperpsychotherapie am Gerda Boyesen Institut Arbeit als Therapeutin in eigener Praxis. Ab 1999 Wissenschaftliche Referentin am Bayerischen Institut für Hochschulforschung und Hochschulplanung. Seit 2001 Wissenschaftliche Mitarbeiterin im Alumni & Career Service der TU München.

Universität München aufzubauen. »Alumni« kommt von lateinischen »alere« und bedeutet »die Ziehkinder« oder »Zöglinge« einer Alma Mater. Dazu zählen alle ehemaligen Studierenden; an der TUM außerdem alle ehemaligen Mitarbeiterinnen und Mitarbeiter, alle Professoren, Dozenten und Gastwissenschaftler. Dass die Hochschulen selbst und als Ganzes lebenslangen Kontakt zu ihren Ehemaligen halten – zum wechselseitigen Vorteil und zur besseren Integration von Universität und Gesellschaft – ist ein noch unvertrauter Gedanke, der aus der angelsächsischen Hochschulwelt kommt und erst um die Jahrtausendwende anfing, in Deutschland Fuß zu fassen.

Ich selbst bin seit 2001 beim Alumni Service – in erster Linie als verantwortliche Redakteurin des neuen Alumni-Magazins KontakTUM, das ich selbst konzipiert habe und graphisch mitgestalte. Besondere Freude bereitet es mir, herausragende und ungewöhnliche Alumni für einen Beitrag oder ein Interview zu gewinnen und in der kurzen zur Verfügung stehenden Zeit die Philosophin oder den Philosophen in meinem Gegenüber zu berühren. Es ist eine Frage der Atmosphäre und des geistigen Horizontes, ob Grundsätzliches, Existenzielles und Ethisches wie von selbst zur Sprache kommen. Und das möglichst im Modus des erzählten Lebens, so dass ich später beim Schreiben Material habe, eine Person durch ihre Handlungen und ihre Sprache zu charakterisieren. Innerhalb unseres Teams sind die konzeptionelle Arbeit und alles, was mit Schreiben zu tun hat – z.B. Presse- und Öffentlichkeitsarbeit für unsere Alumni-Events –, meine Hauptzuständigkeiten. Hier kooperiere ich natürlich mit unserer Pressestelle. Außerdem betreue ich ein Kulturprogramm für unsere ausländischen Gastwissenschaftler und kümmere mich besonders um die Zielgruppe der internationalen TUM-Alumni.

»Karriere« im gewöhnlichen Sinne einer gut dotierten Führungsposition habe ich bisher nicht gemacht – wohl aber »Karriere« in dem Sinne, dass ich ein neues Berufsfeld mit viel Gestaltungsspielraum gefunden habe, in dem ich meinen intellektuellen und kommunikativen Begabungen entsprechend arbeiten kann. Und das in einem schwungvollen Team aus Geistes- und Naturwissenschaftlern, die sich gegenseitig respektieren, ergänzen und inspirieren und an einer Universität, die für ihren Ehrgeiz und ihre Experimentierfreude bekannt ist.

Journalismus, PR, Konzeptentwicklung, Kontaktpflege, festliches Gestalten an der TUM und für die TUM zu betreiben, liegt mir, weil ich auch vorher schon viel publiziert habe, kontaktfreudig bin und sowohl ein Erkenntnis- als auch ein politisch-moralisches Interesse an Wissenschaft und Technik habe. Da ich, abgesehen von drei Jahren auf dem Land in Hessen, seit Beginn meines Studiums immer an Universitäten oder Forschungsinstituten gearbeitet habe, ist mir das wissenschaftliche Milieu vertraut. Dank des systematischen und allgemein bildenden Rüstzeugs meines Philosophiestudiums bewege ich mich dort wie ein Fisch im Wasser – auch ohne höhere akademische Weihen. Ich habe das Gefühl, dass ich intelligent genug bin, um alles, was mich interessiert, in Grundzügen verstehen zu können; gut genug, um darüber ein interessantes Gespräch zu führen, journalistisch zu schreiben oder im Alumni-Team kreative Projektarbeit zu betreiben – zum Beispiel für einen großen Wissenschaftstag, ein Alumni-Forum, eine Spendenkampagne. Das genügt mir. Gewiss: Mit einem Magister in Philosophie an einer Technischen Universität zu arbeiten ist etwa so, wie zu Pferd entlang einer Autobahn zu galoppieren. Ich laufe als Kuriosum außer Konkurrenz. Trotzdem mache ich äußerst selten die Erfahrung, von meinen Gesprächspartnern – egal, auf welcher Hierarchieebene – nicht für voll genommen zu werden. Ganz im Gegenteil.

Philosophie oder die Suche nach einem tragenden Grund

Was hat mein Philosophiestudium an der Hochschule für Philosophie der Jesuiten dazu beigetragen, dass ich diese Stelle als Wissenschaftliche Mitarbeiterin bekommen habe, dass ich meinen Aufgaben an der TUM gewachsen bin und es als sinnvoll empfinde, dort zu arbeiten? Ich bin auf fünf Punkte gekommen: erstens die formale Qualifikation eines Hochschulabschlusses mit summa cum laude; zweitens das Training in logisch-systematischem Denken, Sprechen und Schreiben; drittens die Allgemeinbildung; viertens die intellektuelle Beweglichkeit und Offenheit, die der vielseitig interessierten Haltung einer Philosophin entspringt; fünftens das Ernstnehmen und Wahrnehmen meiner eigenen Subjektivität.

Letzteres hat mich ursprünglich zur Philosophie gebracht und später immer wieder genötigt, über die Philosophie hinauszugehen. Ein wichtiges Vorbild und der stärkste geistige Einfluß gegen Ende meiner Schulzeit war für mich der österreichische Schriftsteller und Philosoph Jean Améry, der als Jude und Widerstandskämpfer jahrelang im Konzentrationslager war, überlebte und nach dem Krieg seinen Wohnsitz nach Belgien verlegte. Seine Bücher beeindruckten mich tief. Zum einen der verstörende Inhalt – zum anderen seine Methode philosophischer Reflexion, die stets von der eigenen Lebenserfahrung ausging, diese auf Exemplarisches und Überpersönliches hin analysierte und in einen größeren geistigen Zusammenhang stellte. Jean Améry brachte mir die Frage nahe, was es manchen Menschen ermöglicht, in einer von Hunger, Isolation, Folter und Tod bedrohten Situation wie der KZ-Haft seelisch standzuhalten und sich nicht von den Umständen überwältigen zu lassen. Seiner Erfahrung nach waren dazu nur die in einem religiösen oder politischen Sinne »gläubigen« Menschen in der Lage – eine Einstellung, zu der er selbst keinen Zugang hatte.

Das zweite Motiv, Philosophie zu studieren, war die naturwissenschaftliche Welterklärung, die mich faszinierte, vor allem die moderne Physik und die Astronomie. Mein Vater war Ingenieur und meine Mutter – bevor sie Mutter von fünf Kindern wurde – Lehrerin. So bekam ich schon früh Sachbücher über die Urgeschichte, die Entstehung der Erde und des Sonnensystems und vieles mehr in die Hände; ich las als Teenager regelmäßig »Bild der Wissenschaft« und liebte Mathe und Physik noch in der Mittelstufe sehr. In der Oberstufe hatte ich allerdings in diesen Fächern keine inspirierenden Lehrer mehr. Es war meine wunderbare Lateinlehrerin Stefanie Dreher, die mir Bertrand Russells »ABC der Relativitätstheorie« schenkte, als ich ihr von meinen physikalischen Interessen erzählte, die im Grunde philosophischer Natur waren: »Dass ich erkenne, was die Welt im Innersten zusammenhält« (Faust I). Ich bin sicher, dass ich Russells Deutung der Relativitätstheorie nur sehr lückenhaft verstanden habe, aber sie impfte mir den Gedanken ein, dass das Weltbild des gesunden Menschenverstandes vielen groben Vereinfachungen und unwissenschaftlichen Vorurteilen verhaftet sei und die Naturwissenschaften und die Philosophie den Schlüssel zur »eigentlichen Wirklichkeit« besäßen.

So waren es alles in allem Fragen nach dem, was existenziell »standhält« und nach dem, was theoretisch »dahintersteht«, ein Verlangen nach Erkenntnis und Gewissheit, das mich der Philosophie in die Arme trieb. Gerade weil ich bei der Wahl meines Studiums ausschließlich meinen geistigen Leidenschaften gefolgt bin, konnte ich mit ganzer Hingabe studieren und meinen Abschluss mit »Summa« machen. Ich denke, das macht bei jeder Bewerbung einen guten Eindruck, zumal allgemein bekannt ist, dass an Jesuitenhochschulen einiges verlangt wird.

»Fly Like an Eagle«

Das Philosophiestudium brachte mir für die spätere Berufstätigkeit in erster Linie den Blick für das Wesentliche. Meine systematischen Schwerpunkte im Hauptstudium waren Sprachphilosophie und Erkenntnistheorie; für meinen Magister bei Professor Friedo Ricken habe ich eine erkenntnistheoretische Fragestellung anhand einer Interpretation von Wittgensteins letztem Werk »Über Gewißheit« bearbeitet. Dadurch lernte ich, den Kern und die logische Struktur komplexer Sachverhalte und Argumentationen zu analysieren und mich dabei auch auf meinen Sinn für Gedanken und Bilder von Gewicht zu verlassen. Die Philosophie trainierte mich im sicheren Erfassen, aber auch im kühnen Entwerfen weitgespannter, systematischer Zusammenhänge, wodurch ich rasch Übersicht herstellen und wichtige von nebensächlichen Punkten unterscheiden lernte. Sie übte meinen Blick für die Dreh- und Angelpunkte, die versteckten Voraussetzungen, die Fehlschlüsse oder Schwachstellen eines Gedankengangs. Dadurch befähigt sie mich, mir neue Wissensfelder – solange sie mein mathematisches Verständnis und meine naturwissenschaftliche Allgemeinbildung nicht übersteigen – relativ rasch und methodisch anzueignen, sodass ich mich eigenständig in ihnen bewegen kann. Das kam mir zugute, als ich als wissenschaftliche Referentin bei einem hochschulsoziologischen EU-Forschungsprojekt – »ADMIT – Higher Education Admissions and Student Mobility in Europe« – am Bayerischen Staatsinstitut für Hochschulforschung und Hochschulplanung Interviews ausgewertet und Forschungsberichte geschrieben habe.

Durch hochschulpolitische Tagungen, Institutssitzungen und durch die Lektüre von Aufsatzbänden, Fachzeitschriften, Internet-Informationsdiensten und anderem wurde mir bald klar, dass die eng gefasste Themenstellung unseres Projektes von der rasanten Internationalisierung des europäischen Hochschulraums überholt worden war; dass diese Internationalisierung von seiten der EU darauf abzielte, die europäischen Hochschulen durch den homogenisierenden Bologna-Prozess für den globalen Hochschulmarkt nach neoliberalem Muster umzubauen; dass die Widerstände gegen die Trennung von Bildung und Ausbildung, von Elite- und Massenhochschulen in Deutschland auch darin wurzeln, dass die Eliten hierzulande durch den Nationalsozialismus einen starken und nachhaltigen Legitimationsverlust erlitten haben.

Unter den geisteswissenschaftlichen Studiengängen vermag die Philosophie Allgemeinbildung in besonderem Maße zu vermitteln. Durch ihre Ursprünge in der griechischen Antike ist sie die Mutter aller Wissenschaften, die sich über die Jahrhunderte und Jahrtausende aus ihr ausdifferenziert haben. Die begrifflichen und ethischen Voraussetzungen und Implikationen der Einzelwissenschaften zu analysieren, ist bis heute Aufgabe der Philosophie. Anders als bei einem Geschichts- oder Philologiestudium liegt ihr allgemein bildender Schwerpunkt mehr auf dem ontologisch-erkenntnistheoretischen »Knochengerüst« der europäischen Kultur, als auf ihrem »Fleisch«, ihrer politisch-ästhetisch-lebensweltlichen Fülle und Kontingenz.

Dieses Knochengerüst an Allgemeinbildung hat mir Anfang der 80er Jahre vor allem das breite und vielseitige Grundstudium an der Hochschule für Philosophie der Jesuiten vermittelt. Verglichen mit der Ludwig-Maximilians-Universität München, wo es damals keine Zwischenprüfung gab und man mit zwei Proseminarscheinen sofort jedes Hauptseminar besuchen konnte, waren die Anforderungen hoch. Wir mussten in den 4 Semestern bis zum Bakkalaureat einen Pro- und drei Hauptseminarscheine (wofür 3 Seminararbeiten einzureichen waren) sowie zwei Logik-Scheine erwerben. Für die Bakkalaureatsprüfungen nach dem 2. und 4. Semester schrieben wir Klausuren zur Philosophiegeschichte der Antike und des Mittelalters, der Neuzeit und der Gegenwart. Ungefähr 10 systematische Vorlesungsfächer wurden mündlich geprüft – darunter Erkenntnistheorie, Sprachphilosophie, Metaphysik, Ethik, Philosophische Anthropologie. Die naturwissenschaftliche Allgemeinbildung und die Naturphilosophie wurden nicht vernachlässigt und durch Pflichtvorlesungen in Verhaltensbiologie, Evolutionsbiologie, Genetik und Humanökologie abgedeckt, die von Philosophen gehalten wurden, die zugleich promovierte Biologen waren.

Dieses solide Fundament an philosophischem Grundwissen wurde der schwingende Tanzboden meines sehr freien Hauptstudiums, in dem ich weitere Seminarscheine erwerben und die Magisterarbeit schreiben musste. Systematische Schwerpunkte waren Analytische Sprachphilosophie und Erkenntnistheorie, außerdem Ethik. Historisch vertiefte ich mich vor allem in Aristoteles, Kant und Wittgenstein. Die Jesuiten hatten damals schon eine Regelstudienzeit von 8-9 Semestern für den Magister, ich brauchte 10. Wir hatten fast ideale Studienbedingungen: eine pädagogisch engagierte, didaktisch versierte Professorenschaft, die das philosophische Streitgespräch mit uns einübte, bis die Funken sprühten; einige wissenschaftlich herausragende Köpfe unter den Professoren; eine ausgezeichnete Betreuung in kleinen Seminaren; eine Hochschule überschaubarer Größe mit etwa 400 ordentlichen und 400 Gasthörern, in der alle Studenten eines Jahrgangs einander kannten, miteinander lernten und Extra-Arbeitsgruppen bildeten (z. B. zu Habermas' Theorie des kommunikativen Handelns oder französischsprachige Abende zu Jacques Brel und Edith Piaf mit französischen und belgischen Kommilitonen). Ein Nachteil war das völlige Fehlen von Philosophiedozentinnen und damit von weiblichen Vorbildern für uns Studentinnen, die wir immerhin ein Drittel aller Hörer stellten.

Da mein geistiger Appetit in diesen Jahren unersättlich und meine intellektuelle Energie ungebrochen war, studierte ich parallel Germanistik an der Ludwig-Maximilians-Universität, vor allem Goethezeit und Romantik, bei Volker Deubel, der uns deutsche Weltliteratur durch die neuesten theoretischen Brillen – Habermas, Illich, Foucault – lesen lehrte. Außerdem belegte ich Wittgenstein-Seminare bei Dieter Henrich sowie philosophie- und theologiegeschichtliche Frauenforschung des Mittelalters und der frühen Neuzeit bei Elisabeth Gössmann, meiner einzigen Philosophieprofessorin. Für ein Aristoteles-Hauptseminar eignete ich mir bei den evangelischen Theologen Grundkenntnisse in Altgriechisch an, wie nach dem Abitur Spanisch für meine Südamerikareise und später im Privatunterricht Alt-Hebräisch, um einmal mit der Sprache der Bibel eine nicht-indoeuropäische kennen zu lernen.

Der bei allem Ernst des Staunens, Fragens und Sich-Besinnens zugleich spielerische Charakter der Philosophie, die erst einmal frei ist von jedem Gedanken an praktisch-berufliche Verwertbarkeit, gewöhnte mich daran, das eigene Denken beweglich und vielseitig zu halten. Das erleichterte es mir, mich auf wechselnde berufliche Perspektiven und Aufgaben relativ schnell ein- und umzustellen. Zumal ich berufliche Flexibilität und Offenheit immer schon als Preis für meine so wenig berufsorientierte Studienwahl akzeptiert hatte. So habe ich im Laufe meines Berufslebens (bloße Jobs nicht eingerechnet) mein Geld nicht nur mit wissenschaftlicher Arbeit an Hochschulen und Forschungsinstituten verdient, sondern auch als Psychotherapeutin in eigener Praxis, als Nachtbereitschaft in einem Haus für wohnungslose Frauen und als freie Referentin in der Erwachsenenbildung. An der TUM hatte ich mich ursprünglich für eine Stelle in der Studienberatung beworben, war aber, als das nicht klappte, ein halbes Jahr später sofort bereit, eine Stelle bei Alumni & Career anzunehmen, die mir dort angeboten wurde.

Das Philosophiestudium hat mir einen Raum geboten, der mich darin unterstützte, meine Subjektivität, meine Gefühle und Intuitionen ernst und wahr zu nehmen, statt darüber hinwegzuleben und mich primär an dem zu orientieren, was andere Menschen von mir erwarteten oder was durch gesellschaftliche Normen als nützlich und vernünftig vorgezeichnet war. Hier verdanke ich meinen Jesuitenprofessoren sehr viel, die uns damals nicht als Kunden, Kostenfaktoren oder Humankapital, sondern als lebendige, geistbegabte Seelen behandelt haben. Sie haben mich in meinem leidenschaftlichen Streben nach Erkenntnis ernst genommen, freudestrahlend mit mir gestritten, mich gefördert und gefordert – allen voran Professor Friedo Ricken S. J., mein wichtigster philosophischer Lehrer, bei dem ich viele Jahre antike Philosophie, Ethik, Analytische Sprachphilosophie und Religionsphilosophie studiert habe. Ihm möchte ich diesen Aufsatz widmen, zu seinem 70. Geburtstag im Jahr 2004.

Gewiss hofften die Jesuiten, die Ungläubigen unter uns fürs Christentum zu gewinnen, aber erstens war das allen klar und zweitens nahmen sie ihren Missionsauftrag stets dezent und unaufdringlich wahr. Ich habe mich als Agnostikerin mit einem vagen Interesse an Religion dort immatrikuliert und bald festgestellt, dass die philosophische und menschliche Atmosphäre bei den Jesuiten anders war als an der Universität: viel ernsthafter und gleichzeitig lustiger, persönlich verbindlicher, von Karrierekämpfen weitgehend unberührt, getragen von einem gemeinsamen Geist, der christlichen Religion in Gestalt der jesuitischen Spiritualität. Das bot mir einen verlässlichen Rahmen, an dem ich mich abarbeiten und meinen eigenen religiösen Weg beschreiten konnte. Er führte mich allerdings geradewegs heraus aus dem westlichen Christentum, zurück zu »den Müttern« (Faust II), zu Lao-tse und zu Tolstoi.

Grenzerfahrungen

Die Motivation, mich nach dem Magister mehr als 10 Jahre in die Neue Phänomenologie und die Religionsphilosophie, in die Arbeit italienischer Philosophinnen an einer »Symbolischen Ordnung der Mutter«, in die Lebensenergie-Diskurse, das Neuheidentum und andere in der akademischen Philosophie randständige und außenseiterische Ansätze und Themen zu vertiefen, entwickelte sich nach einem biographischen Wendepunkt in meinem Leben, der mich auch erstmals mit der Psychotherapie in Kontakt brachte. Nach der Magisterprüfung im Winter 1986/87 hatte ich aus verschiedenen Gründen erst einmal keine Freude mehr an der Philosophie und musste meinen Lebensunterhalt nun ohne BAFöG und elterliche Unterstützung bestreiten.

Seit Mitte der 80er Jahre hatte ich über meine religiöse Suche die Frauenbewegung entdeckt und begonnen, in Frauenzentren und Erwachsenenbildungsinstitutionen Tänze und Rituale zu leiten und Vorträge zu halten, vor allem über Bettina von Arnim, Karoline von Günderrode und Annette von Droste-Hülshoff. Es machte mir viel Spaß, meine Zuhörerinnen zu fesseln und zu spannenden Diskussionen zu inspirieren, indem ich über Leben und Werk dieser wunderbaren Frauen erzählte und später auch publizierte. Ende der 80er Jahre beschloss ich, mich bei den Jesuiten für das Aufbaustudium Erwachsenenbildung und das Promotionsstudium in Philosophie einzuschreiben, für das ich wieder 4 Hauptseminarscheine machen musste. Wäre ich etwas pragmatischer veranlagt gewesen, hätte ich die Doktorarbeit auf meiner Magisterarbeit über Wittgenstein aufgebaut, sehr wahrscheinlich ein Stipendium bekommen und das Ganze in drei Jahren hinter mich gebracht. Aber ich fand bei Wittgenstein keine neue, systematisch interessante Fragestellung. Meine immer prekären Einkünfte stabilisierten sich, als mein Magistervater und Doktorvater in spe Friedo Ricken mir eine Stelle als wissenschaftliche Hilfskraft anbot – Assistentenstellen gab es an der Hochschule nicht – und ich 4-6 mal im Monat Nachtbereitschaft in einem Haus für wohnungslose Frauen machte.

Ungefähr um dieselbe Zeit bekam mein Vater mit 57 Jahren Lungenkrebs und starb binnen eines halben Jahres im Herbst 1988. Das ging mir sehr nahe, besonders, weil unser Verhältnis in den Jahren vor seinem Tod immer schlechter geworden war und wir in der kurzen Zeit, die ihm noch blieb, nicht mehr zueinander gefunden hatten. Als Ingenieur war er enttäuscht, dass ich keine Naturwissenschaft studiert hatte. Politisch stritten wir uns nur. Anerkennung für meine guten Studienleistungen bekam ich von ihm nie, und ich denke, ich hatte immer Angst vor ihm, vor seiner Missbilligung. Eine langjährige Liebesbeziehung, die um diese Zeit begann, und der Rat einer guten Freundin bewogen mich, mir wegen meiner heftigen Stimmungsschwankungen körperpsychotherapeutische Hilfe zu holen.

Zum Glück ahnte ich damals nicht, dass diese Reise durch meine seelische Unterwelt insgesamt 14 Jahre dauern würde. Dieser langsame Heilungs- und Nachreifungsprozess hatte seinen Preis. Er hat den Lebensabschnitt meiner 30er Jahre dominiert, in dem andere Frauen Ehen schließen, Kinder bekommen und/oder Karriere machen. Dass ich keine Kinder habe, war und ist etwas, das ich betraure. Das andere ist so offen, wie das Leben, das vor mir liegt.

Angeregt durch meine Erfahrungen mit körperpsychotherapeutischen und anderen Formen von »Energiearbeit« stieß ich Anfang der 90er Jahre auf die lebensweltlich bedeutsamen, aber naturwissenschaftlich und philosophisch ungeklärten »Lebensenergie"-Vorstellungen, die als »esoterisch« oder »anachronistisch« aus dem akademischen Diskurs weitgehend ausgegrenzt waren. Das fand ich seltsam und engstirnig, bezogen sich die westlichen Lebensenergievorstellungen doch auf ähnliche Phänomene, wie das chinesische »Qi« und das indische »Prana«. In der Anthropologie und Kosmologie dieser Hochkulturen sind dies selbstverständliche philosophische Grundbegriffe, mit denen Praktiken beschrieben werden, die sich im Westen großer Beliebtheit erfreuen: Yoga, Qi Gong, Feng Shui und die Akupunktur zum Beispiel, deren Wirksamkeit inzwischen empirisch-naturwissenschaftlich erwiesen ist. Damit hatte ich ein Dissertationsthema gefunden, das mich motivierte: ein ungelöstes philosophisches Problem, mit dem ich wissenschaftliches Neuland betreten konnte.

Auf der Suche nach einem geeigneten Begriffsinstrumentarium stieß ich auf die Neue Phänomenologie des Kieler Philosophen Hermann Schmitz, besonders auf die systematisch verknüpften Konzepte des gespürten »Leibes«, der »Räumlichkeit« des Leibes und der Gefühle und der »Wahrnehmung als leibliche Kommunikation«. Damit lassen sich wesentliche Dimensionen der westlichen Lebensenergie-Vorstellungen systematisch rekonstruieren und in ein erweitertes und neu fokussiertes Begriffssystem westlicher Rationalität integrieren, wie es die Neue Phänomenologie entwirft. Aber nicht »mal eben so«, wie man ein paar Blumen am Wege pflückt. Ich fand mich plötzlich in einem philosophischen Paradigmenwechsel, einem umfassenden systematischen Neuentwurf vom Kaliber Kants oder Wittgensteins wieder, in den ich mich, auf mich allein gestellt, über Jahre vertieft habe, um ihn in seinen Grundzügen zu verstehen.

Weil ich so fasziniert war, habe ich völlig unterschätzt, was ich mir da aufgehalst hatte: ein Thema und einen Ansatz, die mich aus dem philosophischen Mainstream, dem Bereich förderungswürdiger Promotionsthemen und meinen bisherigen philosophischen Gesprächskreisen herauskatapultieren würden. Ich habe mit Hermann Schmitz länger korrespondiert und ihn auch mehrmals in Kiel besucht, aber die Entfernung war einfach zu groß. Anfang der 90er Jahre kannte in München niemand diesen großen Philosophen. Niemand hatte Lust, sich mit mir durch die 10 Bände des »Systems der Philosophie« zu arbeiten und zu diskutieren, wie sich damit die Rationalität der Energie-Vorstellungen rekonstruieren ließe. Dabei hätte ich, im Rückblick betrachtet, dringend »Begrenzungshilfe« durch einen kompetenten und aufgeschlossenen Kreis von Philosophinnen und Philosophen gebraucht. Mein Doktorvater ließ mich gewähren, aber es war klar, dass er mir nicht würde helfen können. Nach 10 Jahren erlaubte ich mir schließlich, die Doktorarbeit, von der ich etwa ein Drittel geschrieben hatte, aufzugeben, weil es mir neben der 30-Stunden-Stelle an der TU München endgültig zuviel wurde und nicht mehr voran ging.

Eulen in die Wälder tragen

Heute bin ich über dieses »Scheitern« mit mir selbst im Reinen. Ich bin bis an die Grenzen meiner geistigen und körperlichen Leistungsfähigkeit gegangen. Der Doktorhut ist an mir vorbeigeflogen, aber dafür habe ich etwas gefunden, das ich mit Wittgenstein »Friede in den Gedanken« nennen möchte. Denn die Bruchlandung meiner philosophischen Ambitionen sprengte zugleich den Kern eines falschen Selbstbildes: dass ich auf geistigem Gebiet etwas Außergewöhnliches leisten muss, um wertgeschätzt zu werden. Heute freue ich mich daran, bisweilen Muse zu sein und kühne Gedanken auf fruchtbaren Boden zu streuen, wo immer ich ihn finde. Ich freue mich, mütterlich zu handeln, auch wenn ich keine Kinder habe. Die metaphysische Unruhe, aus der heraus ich das Philosophiestudium begonnen und viele Jahre lang betrieben habe, ist verschwunden. Die Freude an der Philosophie keineswegs. Entsprechend meiner Arbeit an einer technisch-naturwissenschaftlichen Universität hat sich mein Fokus jetzt mehr zur Naturphilosophie, besonders zur Philosophie der Biologie hin verlagert.

Ich habe das Gefühl, dass ich einen geistigen Reichtum in mir trage, der nur berührt zu werden braucht, und schon sprudelt und strömt es hervor, verzweigt und verbindet sich. Auf diese unerschöpfliche Quelle vertraue ich auch im Blick auf meine weitere berufliche Laufbahn. Ich hätte zum Beispiel Lust, mich einzumischen in die Umgestaltung unserer Hochschulen, die durch die Globalisierung einerseits erzwungen wird, andererseits neue Chancen und Perspektiven bekommt, vor allem im Blick auf die globale Zivilgesellschaft, die als Antwort auf den neoliberalen Kahlschlag überall empor sprießt. Meine Überzeugung ist: Wenn die hervorragendsten Fakultäten und Institute der deutschen Universitäten die besten Studenten aus aller Welt anziehen wollen, dann dürfen sie ihnen keine zweitklassigen Kopien der Harvard University oder des Massachusetts Institute of Technology (MIT) anbieten, sondern eine alternative Idee von Universität und Wissenschaft, die in den besten Elementen unserer eigenen kulturellen Tradition verwurzelt ist. Ich kann das hier nur andeuten: Ich denke an so etwas wie »grüne Universitäten«, »Walduniversitäten«, die sich dem sozialen Frieden, der partizipativen Demokratie und der Lebensgemeinschaft Erde verpflichtet fühlen; die ihre Professoren und Studenten nicht in Wissenschaftsghettos von der sozialen Wirklichkeit und den Rhythmen des Vegetationsjahrs abschneiden; die eine ökologisch sensitive High Tech entwickeln und elegante Low Tech-Lösungen nicht verachten; die geistes- und naturwissenschaftliche Zugangsweisen integrieren und die vorherrschende Naturbeziehung in der westlichen Welt grundlegend verändern würden. An einer solchen Universität wäre ich als Philosophin ganz und gar in meinem Element. Tagsüber würde ich mit den Studenten diskutieren, warum die biologischen Wissenschaften eine Hermeneutik brauchen, und nachts würde ich den Ornithologen helfen, die Eulen im Revier zu zählen.

Mein letztes und mein jetziges Arbeitsverhältnis habe ich bekommen, indem ich Gelegenheiten nutzte, Kontakte zu knüpfen und mich vorzustellen, bevor es dort überhaupt freie Stellen gab. Ich vertraue darauf, dass sich berufliche Möglichkeiten zeigen und dass ich überzeuge, wenn ich etwas von ganzem Herzen tue oder getan habe. »Sei Er kein schellenlauter Tor! / Es trägt Verstand und rechter Sinn / mit wenig Kunst sich selber vor.« (Faust I)

Die wichtigste Voraussetzung für ein erfolgreiches Philosophiestudium ist für mich eine schwer definierbare geistige Unruhe. So verstanden, ist Philosophie kein Beruf, sondern eine Berufung. Wer sie verspürt und sich entschließt, ihr zu folgen, macht sich um seine spätere Berufstätigkeit so wenig Sorgen wie der heilige Franziskus um sein Abendbrot.

JÖRG F. MAAS

Alles Wissen stammt aus der Erfahrung – sagt Kant.

Philosophie – Humanität – Non-Profit-Management

Jörg F. Maas, geboren 1959, verheiratet, zwei Kinder, lebt in der Nähe von Hannover. Nach einem Philosophiestudium in Bonn und Berlin und einer Assistentenstelle an der FernUniversität Hagen mit anschließender Promotion absolvierte er einen Forschungsaufenthalt an der Harvard University. Er war erster Dezernent des Akademischen Auslandsamtes an der Universität Magdeburg und verantwortlich für Forschungs- und Austauschprogramme. Dr. Maas ist Geschäftsführer der Deutschen Stiftung Weltbevölkerung (DSW) und Mitglied im Vorstand verschiedener europäischer Organisationen.

Lassen Sie es mich ganz am Anfang und ganz deutlich sagen: Mit einem abgeschlossenen Philosophie-Studium erwirbt man einen akademischen Abschluss, aber nicht automatisch eine berufliche Qualifikation. Die berufliche Qualifikation, die bei Juristen, Physikern und Ingenieuren Sinn und Zweck des Studiums ausmacht, muss von Philosophen neben oder nach dem Studium zusätzlich erworben werden – manchmal mühsam, häufig ohne Anleitung oder fremde Hilfe und meistens ohne das Ziel, sprich: den Beruf, zu kennen.

Ich will Ihnen aber auch zu Beginn dieses Berichtes sagen, dass ich, hätte ich nochmals die Wahl, wieder Philosophie studieren würde – vielleicht in einer etwas anderen Fächerkombination, vielleicht mit einem anderen fachlichen Schwerpunkt, vielleicht auch zu Beginn des Studiums in den USA, statt am Ende meiner akademischen Ausbildung. Aber ein Philosophiestudium ist eine hervorragende wissenschaftliche Grundlage, eine gute Denkschule für welche Tätigkeit auch immer und macht darüber hinaus noch eine Menge Spaß – denn was gibt es Spannenderes, als sich in die Gedanken anderer zu vertiefen.

Gestatten Sie mir noch eine Bemerkung an dieser Stelle: Glauben Sie keinem der behauptet, er hätte seinen Berufs- bzw. Lebensweg von Anfang an geplant. Zumindest meine

Studien- und Berufschancen waren zu vielfältig und häufig unvorhersehbar, als dass ich behaupten könnte, ich hätte bereits vor meinem Studienbeginn gewusst, wo ich beruflich landen werde. Wissen stammt wirklich aus der Erfahrung – nicht nur in einem philosophischen, sondern vielmehr noch in einem sehr lebenspraktischen Sinne.

Warum können Engel fliegen? Weil sie sich leicht nehmen – sagt ein Sprichwort.

Wenn Sie mich fragen, was mich im ersten Semester in Bonn fasziniert hat, so kann ich Ihnen von den propädeutischen Fächern im Grundstudium berichten – von Aussagenlogik, empirischer Sozialforschung und den Einführungen in die Geschichte der Philosophie und der Wissenschaften. Begeistert war ich aber auch von Fächern anderer Fakultäten: der Rechtsgeschichte bei den Juristen, der Methodenlehre der Naturwissenschaften und der Einführung in die Psychologie.

Im Studium selbst gab es damals die Wahl zwischen den Angeboten der beiden philosophischen Seminare der Universität Bonn – antike und mittelalterliche Philosophie waren genauso prominent vertreten wie Rationalismus, Idealismus und praktische Philosophie. Die Denkschule Kants war dabei besonders ausgeprägt und hat damals mein Denken, Sprechen und Schreiben stark beeinflusst – die Lesbarkeit meiner Referate und Hausarbeiten aber sicher nicht immer erhöht.

Kurz nach dem Grundstudium bewarb ich mich um eine Stelle als studentische Hilfskraft am Philosophischen Seminar A und wurde im selben Semester in den studentischen Fachschaftsrat gewählt: Diese Stelle verbesserte meine finanzielle Situation ungemein und gab mir zudem gute und wichtige Einblicke in die Anforderungsprofile am Fachbereich, während die politische Arbeit im Fachschaftsrat mir zeigte, wie und welche Entscheidungsmechanismen am Seminar und in der Fakultät greifen.

Bei aller Schwergewichtigkeit der philosophischen Schulen hat mich die Leichtigkeit des Philosophierens einiger philosophischer Lehrer besonders beeindruckt – vor allem der Ansatz, philosophische Ideen und Konstrukte politisch zu nutzen und in aktuelle Debatten einfließen zu lassen. Nicht dass dies die offizielle Maxime der philosophischen Seminare gewesen wäre – ganz gewiss nicht, denn die meisten meiner Professoren waren oder erschienen zumindest apolitisch –, aber es war die vorherrschende Denkrichtung meiner Freunde, Fachschaftsvertreter, Kommilitonen und Kollegen am Seminar: insgesamt eine Gruppe von acht Philosophiestudenten, die versuchten, die Philosophie aus dem Elfenbeinturm zu befreien.

Der Schattenwurf des neuen Berlin ist gro' – sagt Götz George.

Berlin – das damalige West-Berlin – war politisch und kulturell eine Offenbarung – und philosophisch eine Oase in Deutschland: Die »Rostlaube« und das philosophische Institut der Freien Universität boten Seminare und eine fachliche Bandbreite, die an deutschen Universitäten einzigartig waren. Ich genoss das Seminarangebot, und nach dem ersten Semester bekam ich eine studentische Hilfskraftstelle am Institut für Geschichte der Philosophie und konnte mit dem Berliner Redaktionsteam am Historischen Wörterbuch der Philosophie mitarbeiten. Literaturrecherchen, Begriffsgeschichte und schriftstellerisches Handwerkszeug waren drei der wichtigsten Fertigkeiten, die ich während dieser Zeit lernte und die mir die Arbeit an meiner Magisterarbeit erleichterten – Kenntnisse, die in der angloamerikanischen Ausbildung zu den propädeutischen Fächern gehören und in Deutschland leider immer noch zu den Dingen zählen, die sich jeder Studierende selber aneignen muss, oder eben niemals lernt.

Meine Magisterarbeit schrieb ich zur Rolle der Hermeneutik im Übergang von der Auslegekunst klassischer Philologien hin zur Methodenlehre der »neuen hermeneutischen« Philosophie im 19. Jahrhundert – eine Begriffs- und methodengeschichtliche Arbeit, die stark durch die aktuelle Forschung am philosophischen Institut und besonders durch meinen Betreuer, Professor Wilhelm Schmidt-Biggemann, gefördert wurde. Dass ich als junger Student mit zu Konferenzen genommen wurde und dort bereits früh das »wissenschaftliche Konferenzgeschäft« lernen konnte, empfand ich als ein besonderes Privileg, für das ich heute immer noch dankbar bin.

Die Semesterferien nutzte ich, besonders in der zweiten Hälfte meines Studiums, für die Recherche an ausländischen Universitäten und zu einigen Reisen: Ich verbrachte unter anderem einige Wochen in Mexiko, begab mich auf die Literatursuche an die Sorbonne in Paris und belegte einen Sommersprachkurs in Avignon, um meine Französischkenntnisse zu verbessern.

Chancen erkennt man oft nicht auf den ersten Blick – sagt Catherine Deneuve.

Bereits vor Fertigstellung der Magisterarbeit war mir klar, dass ich promovieren und weiter an philosophischen Problemen arbeiten wollte – doch nicht mit einem Graduiertenstipendium, sondern als wissenschaftlicher Mitarbeiter an einem philosophischen Institut. Ich wusste, dass ich in einem Team von Leuten arbeiten wollte und nicht als »Einsiedler« über viele Jahre in einer einsamen Studentenbude. Also sprach ich mit Freunden und Kommilitonen und erfuhr von einer gerade ausgeschriebenen Stelle am Lehrgebiet Philosophie an der FernUniversität Hagen. Ich bewarb mich, wurde zu einem Vorstellungsgespräch eingeladen und erhielt kurz darauf und vor meinen mündlichen Magisterprüfungen eine Zusage aus Hagen.

Das Fehlen von Studenten – zumindest im täglichen Universitätsbetrieb – war zwar ungewöhnlich, aber die Interdisziplinarität von Forschung und Lehre, die wissenschaftliche Ausstattung und die enge Zusammenarbeit von Professoren, wissenschaftlichen und studentischen Mitarbeitern war begeisternd und motivierend. Drei junge wissenschaftliche Mitarbeiter (ich war einer von ihnen) starteten bald den Versuch, die Geschichte und Denkströmungen der Philosophie auf einer zeitlichen Schiene grafisch darzustellen. Aus diesem Versuch erwuchs neben unserer normalen Arbeit in Forschung und Lehre ein wissenschaftliches Kolloquium zum Thema Diagrammatik und Philosophie mit Unterstützung der beiden philosophischen Lehrstühle der FernUniversität Hagen. Im Anschluss an das Forschungskolloquium entstand sogar eine kleine wissenschaftliche Reihe: Philosophie und Repräsentation beim Rodopi Verlag in Amsterdam. Unterstützt und gefördert wurden wir bei dieser Arbeit von den beiden Hochschullehrern in jeder nur erdenklichen Hinsicht – sicherlich auch dies eine Ausnahme, wenn ich mir andere Lehrstühle in Deutschland anschaue.

An der FernUniversität Hagen ergab sich durch meinen betreuenden Hochschullehrer und Leiter des Lehrgebiets Philosophie, Professor Jan P.

Beckmann, aber noch eine weitere Chance, die sich für meinen beruflichen Werdegang als maßgeblich erweisen sollte: die Möglichkeit eines Forschungsaufenthalts in den USA, wohin Professor Beckmann hervorragende Kontakte besaß, besonders zu den Ivy-League-Universitäten der Ostküste.

Mit einem Exposé meiner Dissertation (zum Methoden- und Paradigmenwechsel der Naturwissenschaften zwischen Spätmittelalter und Früher Neuzeit), einem sehr engagierten Unterstützerbrief von Professor Beckmann und einem ausführlichen Lebenslauf bewarb ich mich gleichzeitig beim Deutschen Akademischen Austauschdienst (DAAD) und bei vier US-amerikanischen Hochschulen um ein Postgraduiertenstipendium bzw. um die Aufnahme als Research Fellow. Der DAAD reagierte am schnellsten – zu meiner großen Überraschung mit einer Zusage – vorbehaltlich wiederum der Aufnahme durch eine amerikanische Hochschule. Ich hatte mich bei der New York University, bei der Johns-Hopkins-University, der University of California in Los Angeles und an der Harvard University beworben und bekam von allen eine Zusage. Meine Wahl fiel auf die Harvard University – nicht allein wegen ihres Rufes, sondern auch und gerade wegen ihrer Bibliothek, die weltweit mit zu den best ausgestattetsten gehört und über nahezu alle Inkunabeln aus der Zeit des Spätmittelalters, der Renaissance und der frühen Neuzeit verfügt.

Ausdauer ist ein Talisman für das Leben – sagt ein afrikanisches Sprichwort.

Wenige Wochen später landete ich in Boston und lernte akademische Integration auf Amerikanisch kennen: Die freundliche und interessierte Aufnahme am Department of the History of Science (Wissenschaftstheorie und -geschichte fand nämlich an einem eigens dafür eingerichteten Lehrstuhl statt und nicht unter dem Dach der Philosophie), die regelmäßigen Treffen der »science group«, der »international fellows« und »Harvard neighbors« und die »brown bag lunches« am Institut boten reichlich intellektuelle Stimulanz und erforderten von mir zugleich hohe Produktivität: Studenten in den USA produzieren in einem Monat so viele »papers« wie deutsche Studierende nicht in einem ganzen Jahr!

Ich will Ihnen nicht alle Vorteile eines Aufenthalts an einer renommierten Universität wie der Harvard University beschreiben – aber eines steht fest: Es gibt einen handfesten Gegenwert zu den enorm hohen

Studiengebühren, die Studenten normalerweise bezahlen müssen und die in meinem Falle sowohl vom DAAD als auch von Harvard übernommen wurden. Dieser Vorteil umfasst unter anderem ein engmaschiges Betreuungssystem durch Hochschullehrer (das Verhältnis zwischen Professoren und Studenten beträgt dort 1:2 – an den meisten deutschen Fachbereichen ist das Verhältnis bestenfalls 1:50, an manchen sogar nur 1:200), kleine und gut organisierte Gruppen von Forschungsstudenten und Doktoranden, »job services« für Studenten, durch die Hochschule vermittelte Praktika und Bibliotheken, die an 365 Tagen rund um die Uhr im Jahr zugänglich sind.

Nach meiner Rückkehr nach Deutschland blieb ich noch einige Zeit an der FernUniversität Hagen, und in dieser Zeit reiften zwei Entschlüsse: Ich wollte meine Promotion schnellstmöglich beenden, und mir wurde zunehmend klarer, dass das Geschäft akademisch betriebener Philosophie für mich keine berufliche Perspektive ist. Ich kann nicht eindeutig beschreiben, was mich zu dem Beschluss gebracht hat, aber es war so etwas wie meine innere Stimme, die sagte, dass ich meine berufliche Glückseligkeit nicht in der deutschen Hochschul-Philosophie finden würde.

Ich hörte auf diese Stimme und bewarb mich erfolgreich auf eine Stelle in der internationalen Wissenschaftsverwaltung an der Universität Magdeburg. Was mich erwartete waren wiederum Offenheit und Neugier auf jemanden, der selber in der Wissenschaft international erste Erfahrungen gesammelt hatte und der bereit und in der Lage war, in kurzer Zeit neue Forschungs- und Austauschprogramme für eine Universität in den neuen Ländern aufzubauen. Die Stelle reizte mich sehr, denn sie war verbunden mit dem organisatorischen und personellen Aufbau eines Dezernats, mit dem Einwerben von Drittmitteln nationaler und internationaler Geldgeber und mit relativ vielen Freiheiten bei der Gestaltung neuer Kooperationen und internationaler Programme.

Ich empfand mich dabei anfangs als Wanderer zwischen zwei Welten: Einerseits hatte ich noch einen Lehrauftrag im Fach Philosophie und Wissenschaftsgeschichte, andererseits interessierten mich zunehmend mehr Organisationsentwicklung und Wissenschaftsmanagement an einer nicht neuen, doch an einer neu aufzubauenden Universität in einer sich gleichzeitig stark verändernden Wissenschafts- und Politiklandschaft. Zunehmend faszinierten mich auch europäische Forschungsprojekte, und wir schufen ein europäisches Bildungskonsortium, bestehend aus Hochschulen und Unternehmen im Comett- bzw. Leonardo-Programm unter Beteiligung von Bundes- und Landesministerien sowie internationalen Bildungseinrichtungen. Aus diesem Konsortium heraus initiierten wir auch die ersten erfolgreichen Förderanträge im Rahmen der europäischen Forschungsrahmenprogramme für die Bereiche Gesundheit, Telematics und Nutzung neuer Medien für die medizinische Prävention – allesamt Bereiche, von denen ich zuvor nichts gehört hatte, die mich aber begeisterten.

Bevor ich mir nach fast fünf Jahren in dieser Position überlegte, mich ein weiteres Mal beruflich zu verändern, habe ich sehr sorgfältig erwogen, welche Merkmale die neue Stelle haben sollte. Inhaltlich war mir klar, dass auch die neue Position mit internationalen Kooperationen zu tun haben müsste, gerne im Bereich Gesundheit und am liebsten europaweit oder über Europa hinaus. Klar war mir auch, dass ich nach den (durchweg positiven) Erfahrungen des öffentlichen Dienstes eine Tätigkeit haben wollte, die mir möglichst viel Freiraum und Initiative geben würde – eine Aufbauposition wie diejenige, die ich in Magdeburg hatte, schien mir ideal, aber auch nahezu einmalig zu sein.

Umso überraschter war ich von einer Stellenausschreibung der Deutschen Stiftung Weltbevölkerung (DSW), die einen Projektmanager für die Entwicklung ihrer europäischen und internationalen Projekte suchte. Die Stiftung, von zwei Unternehmern erst wenige Jahre zuvor ins Leben gerufen, bot genau die Merkmale, die ich mir als Kriterien überlegt hatte: Die Stiftung war klein und dynamisch, besaß bereits eine interessante strategische Ausrichtung, ohne dabei in ihrem Portfolio bereits vollständig festgelegt zu sein, sie arbeitete in einem internationalen Kontext und betrat gerade im Bereich der Gesundheit junger Menschen in Entwicklungsländern Neuland. Und vor allem: Sie bot zugleich Freiheit und Verantwortung und damit die Möglichkeit, eigene Ideen zu erproben und zu realisieren.

Als Projektmanager eingestellt, übernahm ich nach kurzer Zeit den Bereich Projektmanagement und Entwicklung, wurde wenig später stellvertretender Geschäftsführer, war verantwortlich für den Bereich der internationalen Programme und bekam schließlich, zu Beginn des Jahres 2003, das Angebot, die Geschäftsführung zu übernehmen. Die Stiftung verfügt über ein operatives Budget von zurzeit 3,8 Millionen Euro, hat ein dynamisches und sympathisches Team von 20 Mitarbeitern in Hannover und 30 weiteren, genauso motivierten Mitarbeitern in den drei Länderbüros in Nairobi (Kenia), Kampala (Uganda) und Addis Abeba (Äthiopien) sowie im europäischen Kontaktbüro in Brüssel. Die Kriterien, die mich damals leiteten, bestimmen meine Tätigkeit immer noch – und begeistern mich nach wie vor: Die Stiftung ist eine wachsende und lernende Organisation und verlangt genau das von allen Mitarbeitern – auch von mir.

Darüber hinaus finden Sie in der deutschen wie auch internationalen Stiftungsszene interessante Menschen, mit denen zu arbeiten persönlich bereichernd und beruflich befriedigend ist: Menschen, die sich für bestimmte Vorhaben stark einsetzen; Stifter, die zivilgesellschaftliches Engagement mit Unternehmertum paaren und Stiftungsmanager, die zugleich programmatischer Effizienz und ethischen Werten verpflichtet sind. Ausdauer ist bei den meisten Stiftungszwecken gefragt in Verbindung mit einem konkreten Lebensbezug – der den lediglich im reinen Wissenschaftsbetrieb arbeitenden Philosophen manchmal abgeht.

Ich sage es ganz offen und ehrlich: Meine Tätigkeit macht mir sehr viel Spaß und ist dabei reich an Abwechslung und Erlebnissen – wie ich finde, die besten Voraussetzungen für einen guten Job und ein ausgefülltes Berufsleben. Doch weiter als bis hierher habe ich meine berufliche Zukunft nicht geplant.

Ein großer Erfolg ist immer die Summe kleiner Entschlüsse – sagt ein irisches Sprichwort.

Wenn Sie mich nach meinen kleinen Entschlüssen und Empfehlungen fragen (und ich will damit keinesfalls behaupten, ich hätte etwa großen Erfolg gehabt – aber schließlich war es einer der leitenden Hinweise der Herausgeber an die Autoren dieses Bandes, Empfehlungen zu geben), so möchte ich Ihnen antworten: Folgen Sie Ihren Vorlieben und Interessen. Nur wenn Ihre wissenschaftlichen und beruflichen Entscheidungen mit Ihren Neigungen übereinstimmen, werden Sie motiviert sein und bleiben und am Ende Erfolg haben mit dem, was Sie tun. Ich sage damit keineswegs, dass Sie nur Ihrer Lust folgen und jegliche Mühe vermeiden sollten – ganz im Gegenteil –, aber dass Sie sehr genau Ihre Begabungen ausloten und diese mit Fähigkeiten und Erfahrungen, die Sie erwerben können, kombinieren sollten.

Eine weitere Empfehlung lautet: Schauen Sie sich bereits während Ihres Studiums um: in anderen Fächern, an anderen Fakultäten oder auch an anderen Hochschulen. In der Regel bekommen Sie dort schnell neue Anregungen und Ideen, die Sie in Ihrem normalen Umfeld so nicht bekommen hätten, und obendrein reichert es Ihren Lebenslauf an. Da es schließlich für die Philosophen nicht »das« Berufsziel schlechthin gibt (mit der Ausnahme der wenigen »Berufsphilosophen« und der noch rareren Universitätsstellen), liegt die einzige Chance ohnehin in der Interdisziplinarität bzw. in der Ausschau nach beruflichen Feldern, die Ihren Interessen entsprechen und einem Philosophen zumindest nicht vollkommen aversiv gegenüberstehen.

Um diese Felder rechtzeitig zu erkunden, empfehlen sich kurze studienbegleitende Praktika oder längere Praktika unmittelbar nach dem Magisterexamen. Wenn ich mir heute Unterlagen von Stellenbewerbern anschaue, dann bestechen in der Regel diejenigen, die während ihres Studiums mindestens drei verschiedene Praktika bei unterschiedlichen Institutionen absolviert haben. Wer etwa eine Stelle bei einer internationalen Organisation anstrebt (nehmen wir das Beispiel einer UN-Organisation), sollte sicherlich bei dieser und bei vergleichbaren anderen international tätigen Organisationen ein Praktikum absolviert haben (etwa bei der Europäischen Kommission, bei einer deutschen Botschaft im Ausland oder einer internationalen Stiftung). Ein solches Arrangement von Praktika schärft Ihr Profil, zeugt von Ideenreichtum und Zielstrebigkeit und gibt Ihnen rechtzeitig darüber Auskunft, ob Ihre Vorstellung von einer Tätigkeit bei dieser Organisation wirklich der Realität entspricht.

Lassen Sie mich kurz auf Noten zu sprechen kommen. Ich bin der festen Überzeugung, dass eine Note zwar nicht den einzigen, aber einen wichtigen Indikator darstellt: Eine Note steht für Ehrgeiz, Fleiß, Ausdauer, Ideenreichtum und für eine bewährte Formulierungssicherheit. Aus diesem Grunde ist ein so genannter qualifizierender Hochschulabschluss, d.h. ein »gut« oder »sehr gut« für Ihre weitere berufliche Planung wichtig und immer auch ein Selektionskriterium bei denjenigen, die Ihre Bewerbungsunterlagen in die Hand bekommen werden.

Die so genannten »Soft Skills«, das heißt Fertigkeiten wie Kommunikationsstärke, Teamfähigkeit und rhetorisches Geschick (im Gegensatz zum Fach- und Methodenwissen), sind für jeden Beruf wichtig – häufig wichtiger als die im engeren Sinne fachlichen Fähigkeiten. Kommunikationstechniken und Teamfähigkeit aber lassen sich nicht in Seminaren erlernen, sondern müssen erprobt, erlebt oder auch durchlebt werden. Ich bin dabei der festen Überzeugung, dass ausschließlich praktische Tätigkeiten in unterschiedlichen beruflichen Kontexten Ihnen Ihre kommunikativen Stärken und Schwächen zeigen werden. Das wiederum spricht für frühe Praktika und auch für das Durchlaufen mehrerer beruflicher Stationen gerade zu Beginn Ihrer Karriere. Wenn Sie einigermaßen offen für Kritik oder Hinweise von Kollegen sind und die Kritik auch ernst nehmen, werden Sie sehr schnell Ihre Teamfähigkeit verbessern und Ihre Kommunikation stärken. Rhetorik- und Präsentationsseminare sind zwar nicht schädlich, um einige Tricks zu lernen und die Selbsteinschätzung zu verbessern, doch die meisten Seminare sind das Geld und den zeitlichen Aufwand, den sie kosten, nicht wert.

Deutschland ist immer auf der Suche nach falschen Vorbildern – sagt Günter Grass.

Meiner Meinung nach gibt es kein berufliches Idealbild oder gar Vorbild für Philosophen. Doch vielleicht gibt es Ihren Traumjob oder zumindest eine Branche, in der Sie sich gut vorstellen können zu arbeiten. Sollten Sie Ihren Traumjob bereits kennen, so kann ich Ihnen nur gratulieren: Ich kannte ihn vor wenigen Jahren noch nicht. Sollten Sie aber zumindest wissen, in welcher Branche oder bei welchem Unternehmen Sie gerne arbeiten würden, dann planen Sie Ihren nächsten Schritt strategisch und klug: Holen Sie Informationen über dieses Unternehmen oder den beruflichen Zweig ein; finden Sie heraus, welche Anforderungen an zukünftige Mitarbeiter gestellt werden und was das so genannte »cultural fit« des Unternehmens oder dieser Organisation ausmacht. Berufliche Karriere ist nicht Ausdruck von Genialität, sondern mühsame Arbeit.

Hören Sie bei allem was Sie tun auf Ihre innere Stimme – stellen Sie diese lauter, damit Sie genau verstehen, wo Ihre Interessen und Ihre Vorlieben liegen und wo Ihre zukünftige und anhaltende Motivation herkommt. Nur so wird Wissen aus Erfahrung ein für Sie gutes und nützliches Wissen werden.

Ich wünsche Ihnen dabei viel Glück und viel Erfolg!

CLAUDIA MOSER

Sapere aude! – Philosophie in der Lebenspraxis

Einstieg auf Umwegen

Claudia Moser, geboren 1956 in Duisburg, verheiratet, eine Tochter. Nach dem Abitur Studium der Anglistik, Amerikanistik und Publizistik, später der Philosophie an der Universität Mainz und am Oberlin College, Ohio, USA. 1980 Erstes Staatsexamen für das Lehramt an Gymnasien in Philosophie und Englisch. Wissenschaftliche Mitarbeiterin an der Universität Mainz, Forschungsaufenthalte in Edinburgh und Oxford. Promotion 1987 über Francis Herbert Bradley und Bernard Bosanquet. Studium des Nachlasses von Bradley. Seit 1991 Verlegerin und Mitproduzentin der »Information Philosophie«.

Das Philosophiestudium war für mich eine Notlösung. Ich studierte Anglistik/Amerikanistik mit dem Studienziel Staatsexamen für das Lehramt an Gymnasien, außerdem Publizistik. Ich brauchte noch ein anderes Fach für das Staatsexamen und bekam von einem Dozenten den Tipp, es mit Philosophie zu versuchen. Das Fach war 1975/76 gerade für den Prüfungsabschluss Staatsexamen zugelassen worden. Philosophisches hatte mich immer schon »irgendwie« interessiert, und um ein klares Studienziel vor Augen zu behalten, stieg ich im 3. Semester ins Philosophiestudium ein.

Meine Vorstellungen in bezug auf das Fach waren vage; ich erhoffte mir von einem Anfänger-Proseminar einige Aufschlüsse und Richtlinien. Die Teilnahme daran brachte mich jedoch fast dazu, das Studium wieder aufzugeben. Es war einfach einschüchternd und frustrierend, einem Dialog zwischen einem besonders eifrigen Seminarteilnehmer – der offenbar *kein* Anfänger war – und dem Seminarleiter über Kants transzendentale Einheit der Apperzeption zu lauschen. Außerdem hörte ich eine Vorlesung über die »Geschichte der Philosophie I: Die Vorsokratiker« (der Zyklus war auf 6 oder 7 Semester angelegt). Faszinierend, aber so viel Stoff – entmutigende Erfahrungen.

In die Neue (Denk-)Welt

Zum Glück verfolgte ich gleichzeitig den Plan, ein Jahr im Ausland zu studieren. Ich wollte an eine amerikanische Universität und bewarb mich nach dem 2. Semester beim DAAD um ein Stipendium. Die schickten mich aber wieder nach Hause – zu jung! Ich wollte nicht ein oder zwei Jahre warten – was konnte in der Zeit nicht alles passieren. Also besuchte ich meinen Amerikanistik-Professor in seiner Sprechstunde – er hatte den Studentenaustausch in die USA am Amerikanistik-Institut in Mainz aufgebaut. Bei Professor Galinsky musste man in der Sprechstunde englisch reden. Also antwortete ich ihm auf seine Frage »What can I do for you, young lady?« – »I want to study in America for a year!« – Dank Prof. Galinsky erhielt ich ein Stipendium für das Wintersemester 1976/77 und das Sommersemester 1977 am Oberlin College, Ohio in den USA. Das war ein entscheidender Abschnitt in meinem Leben und Studium. Am Oberlin College (Willard Van Orman Quine studierte dort Mathematik) studierten weniger als 3000 Studenten (es sind auch heute nicht mehr) mit Studienziel B.A., nur in Musik und Musikwissenschaft kann man auch promovieren (Oberlin hat das angesehenste Konservatorium im Osten der USA). Dort lernte ich, wie man in die Philosophie einsteigt: durch lesen, lesen und nochmals lesen, und zwar der *Primärliteratur*. Es war schon ein seltsames Erlebnis, Kants Grundlegung zur Metaphysik der Sitten oder einen Nietzsche-Text auf Englisch zu lesen und zu erarbeiten, aber die analytische Struktur der Sprache, die nicht – wie das Deutsche – lange Kettensätze gestattet, half bei der Entdeckung des Neulandes. In jedem Kurs, den man belegte, wurde man mehrmals im Semester schriftlich geprüft, und Sekundärliteratur wurde nur in Ausnahmefällen angegeben! Also geriet man nicht in Versuchung, durch das Kopieren von Sekundärliteratur, die danach in Ordnern auf dem Regal steht, eine Ersatzhandlung für das Lesen der eigentlichen Texte vorzunehmen. Wir lernten *lesen*. Diese Technik kam mir nach meiner Rückkehr nach Mainz sehr zugute. Während meines Studiums in den USA entwickelte ich mehr und mehr Begeisterung für die Philosophie und beschloss, in Deutschland mit Publizistik aufzuhören und Philosophie als erstes, Englisch als zweites Hauptfach – immer noch mit dem Ziel »Erstes Staatsexamen« – weiterzustudieren. Das Publizistikstudium hatte ich mir anders vorgestellt und war etwas enttäuscht gewesen, bis auf ein Seminar, das ein Gastprofessor aus den USA in Mainz gehalten hatte. Es ging um amerikanische Wochenzeitungen, und er schärfte unseren Blick für die unbemerkte Manipulation durch einen in einem Medium publizierten Text (durch diese oder jene Wahl der Formulierung, der Platzierung von Photos und anderes) – auch dies war bereits eine wertvolle Lehre für das Studieren von philosophischen Texten.

Damit ich in beiden Studienfächern die gleiche Anzahl Fachsemester vorweisen konnte – Philosophie hatte ich ja erst im dritten Semester belegt –, ging ich ins Dekanat, um die Anerkennung der beiden Auslandssemester als Fachsemester in Philosophie zu beantragen. Wie es der glückliche Zufall wollte, war der Dekan ein Mann, der später mein wichtigster philosophischer Lehrer und auch mein Doktorvater wurde: Joachim Kopper. Er unterhielt sich mit mir über mein Jahr in den USA, ließ sich von mir über das Philosophie-Studium dort erzählen und dann, nachdem er mir die Anerkennung der Auslandssemester als Fachsemester zugesagt hatte, verblüffte er mich mit dem Angebot, doch an seinem Hauptseminar teilzunehmen. Er behandelte einen Text von David Hume, die *Enquiry Concerning Human Understanding*. Es wurde das englische Original gelesen: Ich könne doch die jeweils zu behandelnden Textpassagen vorlesen, meinte er, meine Aussprache sei sicher besser als seine. Ich war sehr dankbar und fühlte mich geschmeichelt, dass er mir die Teilnahme an einem Hauptseminar zutraute!

Entdeckungen und Prüfungen, oder: Dranbleiben!

Und es war harte Arbeit. Das Lesen, immer wieder Lesen und »Dranbleiben« hatte ich in Oberlin gelernt; aber jetzt ging es um die Vertiefung des Stoffs. Philosophie galt vielen Einsteigern damals als eine Art »Laber"-Fach – etwas, das man belegte, wenn man noch nicht so recht wusste, was man eigentlich genau werden sollte. Es schien eine Nische zu bieten; leider auch für eine Menge Geschwätz, Schaumschlägerei und auch den ermüdenden missionarischen Eifer derer, die philosophische Texte lesen, eine oder mehrere Offenbarungen haben und überzeugt davon sind, ihre Bibel gefunden zu haben (und diese Erkenntnis jedem anderen aufdrängen wollen). Ich gehörte vermutlich auch dazu und kann von Glück sagen, dass Professor Kopper die Geduld hatte, uns an die wirkliche Textarbeit zu bringen – die zunächst sehr trocken und frustrierend ist – und uns dann selbst sehen zu lassen, was Philosophieren eigentlich ist. Seine »Hermeneutik« wurde mir ein Schlüssel. Er machte uns auf verfängliche Formulierungen aufmerksam wie »Es ist offensichtlich, dass...« oder »Man weiß, dass...« und dergleichen, die man schnell überliest, die aber, bleiben sie unhinterfragt, dem Autor enorme Voraussetzungen zugestehen. Manchmal kamen wir in einem anderthalbstündigen Seminar nicht weiter als zwei Abschnitte, aber wir übten so eine kritische Rezeption von sprachlichen Erzeugnissen aller Art ein – die erlernte Fertigkeit ging also über die Arbeit an philosophischen Texten weit hinaus.

Das Thema der Zulassungsarbeit zum Ersten Staatsexamen war »Das Absolute bei Francis Herbert Bradley und Josiah Royce«. Kopper hatte die herausragenden Vertreter des so genannten »Angelsächsischen Hegelianismus« oder »Anglo-Idealismus« unter seinen Doktoranden und Schülern verteilt; Bradley war von diesen der bedeutendste und einflussreichste. Die Vorbildung, das Training, die zunächst durch die in Oberlin erlangte und später durch die Seminararbeit bei Kopper vertiefte Arbeitsdisziplin ermöglichten mir, die Breite und Tiefe von Bradleys Philosophie auszuloten, zunächst für das begrenzte Thema der Zulassungsarbeit, später für die Dissertation, die die »Erkenntnis- und Realitätsproblematik bei Francis Herbert Bradley und Bernard Bosanquet« behandelte. Das Englischstudium, außerdem die vorgeschriebene Griechisch-Prüfung (das große Latinum hatte ich am Gymnasium bereits absolviert) hielten mich fit in Fremdsprachen und erleichterten es mir, in der Perzeptionswelt der anderen Sprache selbst die geäußerten Überlegungen zu lesen und zu machen – ohne den Umweg über eine Übersetzung.

Auf die schriftliche Prüfung zum Staatsexamen in Philosophie bereitete ich mich mit Koppers Buch »Theoretische Grundlagen der Aufklärung« vor. Inzwischen hatte ich lange genug bei ihm studiert, um seine Diktion als Schlüssel auch für das Verständnis anderer philosophischer Texte gebrauchen zu können. Weil schon vor dem Staatsexamen für mich feststand, dass ich kein Lehramt an Gymnasien ausüben würde, war ich sehr damit einverstanden, als Kopper mir vorschlug, bei ihm in Philosophie zu promovieren. Eine Wissenschaftliche Mitarbeiter-Stelle am Philosophischen Seminar in Mainz war gleichzeitig mit dem Abschluss meines Staatsexamens frei geworden, und ich erhielt sie. Nun hatte ich mehrere Jahre Zeit, einmal die Dissertation zu schreiben und außerdem selbst philosophische Texte zu vermitteln: Ich konnte »Sprachpraktische Übungen« in

Philosophie anbieten, in denen ich mit den Studenten Texte von weniger bekannten Philosophen aus dem anglo-amerikanischen Sprachraum – natürlich auch von Bradley – erarbeitete; so, wie ich es bei Kopper in seinen Seminaren gelernt hatte.

Dabei kam es zu aufschlussreichen Gesprächen mit zwei Studenten, die ihr Philosophiestudium abbrechen und sich anderen Fächern widmen wollten. Beide sagten, dieser Entschluss habe sich nach der Teilnahme an meiner Übung (über Bradley oder Quine) endgültig verfestigt. Der eine wollte lieber Mathematik studieren. Den anderen zog es zur Theologie. Beiden fehlte nach ihren eigenen Worten in der Philosophie eine gewisse Sicherheit und Begrenzung. Sie wollten nicht die Spannung aushalten, die darin liegt, dass im philosophischen Erfassen der Welt der Weg das Ziel ist und die Dynamik eine andere als in den »positiven Wissenschaften« oder einer »Gottes-Lehre«.

Ein neues Ziel

Meine Zeit als Wissenschaftliche Mitarbeiterin war natürlich eine Art »Ruheraum": Ich hatte ein Einkommen, sammelte berufspraktische Erfahrungen in den »Sprachpraktischen Übungen« und arbeitete weiter an meiner akademischen »Karriere«. Außerdem konnte ich weiter lernen, denn ich besuchte natürlich Vorlesungen und Seminare, insbesondere die meines Doktorvaters. Was ich nach Abschluss der Promotion wirklich »werden« sollte oder wollte, war mir noch gar nicht klar. Allerdings wusste ich, dass der Arbeitsmarkt für Philosophen oder besser: für Leute mit abgeschlossenem Philosophiestudium keine breite Auswahl bot, und als Lehrerin wollte ich ja nicht tätig sein; das war mir schon nach dem Praktikum an meiner früheren Schule klar geworden. Am liebsten wäre es mir gewesen, immer weiter studieren zu dürfen...

Dann erfuhr ich während der Arbeit an meiner Dissertation von F. H. Bradleys unveröffentlichtem Nachlass in Merton College in Oxford. Mittlerweile hatte ich mich so tief und voller Begeisterung in Bradleys Philosophie hineingegraben, dass ich die Gelegenheit, seinen Nachlass zu studieren, unbedingt beim Schopf packen wollte. Man genehmigte mir mehrere Studienaufenthalte in Oxford. Ich benutzte den Nachlass – eine Menge Briefe und dicht beschriebener Notizbücher mit Vorarbeiten zu seinen Werken, Leselisten und Notizen zu seiner Lektüre – und konnte wertvolle Anregungen in die Dissertation einfließen lassen. Außerdem machte ich die Bekanntschaft eines Philosophen, dem ich von meiner Begeisterung für Bradley – und von der Idee erzählte, Bradleys Nachlass und auch seine Werke auf der Basis dieses Nachlasses in einer Gesamtausgabe neu herauszugeben, mit einem Anmerkungsapparat, der auf den Nachlass gestützt sein sollte. Er hielt das für eine gute Idee, und als Kopper anregte, ich solle ein Postdoktoranden-Stipendium der DFG beantragen, stellte ich mein Projekt vor. Ich erhielt das zweijährige Stipendium und von Merton College die Genehmigung, den Nachlass zu durchforsten. Mein Projekt sollte langfristig dazu führen, dass ein Verlag eine Neuausgabe von Bradleys Werken in Angriff nehmen und ich bei dieser Edition mitwirken würde.

Große Träume, die wie Seifenblasen zerplatzten ... Zu Beginn meiner »Amtszeit« als Wissenschaftliche Mitarbeiterin fand im April 1981 in Mainz ein Kant-Kongress statt. Dort lernte ich den Herausgeber der »Information Philosophie« kennen, der eine Buchausstellung organisiert hatte. Wir heirateten zwei Jahre später, und nach dem Abschluss meiner Promotion lernte ich die Arbeit an dieser Zeitschrift kennen, arbeitete auch schon einmal aushilfsweise mit. Meine eigene berufliche Zukunft sah ich aber immer noch – wenn schon nicht an der Universität (den Strapazen einer Habilitation fühlte ich mich nicht gewachsen, wollte auch keine Wochenendehe mehr führen) – im philosophisch-wissenschaftlichen Bereich: eben bei dieser Neuedition von Bradleys Werk. Die Schwangerschaft während des ersten Jahres meines Postdoktoranden-Stipendiums schien mir kein Hindernis zu sein (so viel zur realistischen Einschätzung einer Lebenssituation...!); andere Frauen schafften es auch, Karriere und Familie unter einen Hut zu bringen. Die »Information Philosophie« war damals noch weniger umfangreich und entstand zu Hause. Es sollte klappen, stellte ich mir vor.

Dann wurde unsere Tochter Rebekka geboren, und mit einem Schlag, mit diesem Schicksalsschlag, war alles anders.

Das Schicksal greift ein

Rebekka war behindert; sie litt an einer seltenen Chromosomenanomalie, und während der ersten beiden Monate sah es so aus, als ob sie gar nicht überleben würde. Es schien, als ob alle vorhergehende Ausbildung, alle Zeit und Mühe, die ich in mein Studium hineingesteckt hatte – von der Zeit und

Mühe anderer ganz zu schweigen –, umsonst gewesen waren: Wie sollten sie mir helfen, mit dieser konkreten, unvordenkbaren Lebenssituation fertig zu werden? Ganz unphilosophische Dinge wie Sondenernährung, motorische und geistige Beeinträchtigung, Trigonocephalus-Operation, regelmäßige Krankenhausbesuche, Physio- und Sprachtherapie füllten mein Denken aus.

Ich verzichtete auf das zweite Jahr des DFG-Postdoktoranden-Stipendiums, meine Aufzeichnungen verstaute ich in einem Ordner. Vielleicht würde es später einmal eine Chance geben, weiterzumachen.

Zwischen Kinderkrankenhaus, Hoffen und Bangen um Rebekkas Zukunft – wenn es sie denn geben sollte – half mir die Mitarbeit an der »Information Philosophie«. Zu meinen Aufgaben gehörten die Abonnentenbetreuung und die Buchhaltung – das waren Dinge, die ich erst erlernen musste. Außerdem machte ich die Endkorrektur der Texte und der Bibliographie der Neuerscheinungen, die jede der fünf Jahresnummern enthält. Die Philosophie blieb meine Beschäftigung, aber jetzt aus einer anderen Perspektive. Die im Studium erworbenen Techniken kamen mir natürlich zugute: das genaue Lesen, das kritische Befragen. Die Zeitschrift, die mein Mann 1972 gegründet hatte, war in den Jahren ihres Bestehens ständig gewachsen, sowohl in Umfang und Breite der Information als auch hinsichtlich der Zahl der Abonnenten, die zu drei Viertel in Deutschland und im deutschsprachigen Ausland, zu einem Viertel in Europa und Übersee zu Hause waren und sind. Ich erfuhr, was alles in der Philosophie stattfand; unser »Philosophie-Nachrichtenmagazin« informiert über genau dieses: Forschungstrends, neue Literatur zu den verschiedensten Themen, Berufungen und Projekte der verschiedenen Philosophischen Institute, Seminare und Gesellschaften. An diesem Geschehen nahm ich jetzt teil, aber aus der Distanz, als Beobachter, nicht als selbst Philosophierende. Es war ein *Job,* aber es wurde mit den Monaten und Jahren doch noch mehr als das. Der Einsatz, den ich einbrachte, trug auch Früchte, die Aufgaben, die ich übernahm, verschafften meinem Mann Freiraum für die wichtige redaktionelle Arbeit – in die auch ich mit wachsender Erfahrung Anregungen einfließen lassen konnte. Die Zeitschrift wurde zu unser beider Lebensarbeit. Wir wuchsen zu einem richtig guten Team zusammen, Kongressveranstalter schätzten unsere Berichterstattung, die »Information Philosophie« wuchs an Umfang und gewann an Renommee und wurde zu einem Teil der philosophischen »Szene«, die sie widerspiegelte.

Es wurde mir aber auch immer deutlicher, dass die Philosophie sich nie aus meiner allgemeinen Lebensgestaltung entfernt hatte. Die so genannte »Singer-Affäre«, über die wir auch berichteten und die mein Mann in einem Editorial kommentierte, traf mich in meinem ganz persönlichen Lebenskontext mit einem behinderten Kind bis ins Mark. Die beiden »losen Enden«, die seit Rebekkas Geburt scheinbar unbeeinflusst voneinander existierten, schlossen sich zu einem neuen Ganzen zusammen: die Freude am Lesen, die Neugier auf das Denken großer Philosophen und der Wunsch, dieses zu verstehen auf der einen, die lebenspraktischen Anforderungen durch die Aufgabe, für Rebekka zu sorgen und sie zu erziehen, auf der anderen Seite. Die erste Begegnung mit der Philosophie war für mich allein geschehen, und ich nutzte sie auch für mich allein – wiewohl mit Hilfe insbesondere meines Lehrers Joachim Kopper –, selbst im Hinblick auf eine noch so vage vorgestellte spätere akademische Karriere, die auch in erster Linie mich selbst als Individuum hätte befriedigen (und ernähren) sollen. Der Wunsch nach Anerkennung herausragender intellektueller Leistung in meinem Fach war der Antrieb meiner Bemühungen. Und dann war da plötzlich dieses Kind, geistig behindert, vielleicht gar nicht lange überlebensfähig und wenn, vielleicht niemals in der Lage, sich auch nur die Schuhe alleine zuzubinden, ein Häuflein Mensch, armselig, wiewohl geliebt. Wie sollte das denn zusammenpassen?!

Die Philosophie wird praktisch

Die Singer-Affäre war ein Schlüsselerlebnis. Da schien jemand aus meiner Zunft meinem Kind das Person-Sein abzusprechen und damit das Recht auf Schutz. Und dieses Konzept wurde in philosophischen Kreisen ernsthaft diskutiert, in Büchern und Zeitungsartikeln behandelt. Die instinktive Abwehr Betroffener mündete schließlich in die Verweigerung des Dialogs, demgegenüber wurde die akademische Redefreiheit eingefordert und der Vorwurf der Zensur erhoben. Damit war die Chance auf Klärung dieser elementar wichtigen Betroffenheit dahin, und niemandem war gedient.

Mir kam ein Seminar über Spinoza in den Sinn; etwas, was ich daraus gelernt hatte, war sinngemäß etwa: Wenn man die Affekte kennt, hat man die Möglichkeit, sie zu beherrschen, anstatt von ihnen beherrscht zu werden. Man ist nicht mehr von ihnen eingeschränkt und nun frei zu handeln. Das traf doch auch auf mich zu! Ich hatte Angst vor dem, was mit Rebekka auf mich zukommen würde, wenn sie sterben würde, wenn sie leben würde, wie sie leben würde, und wie ich mit ihr leben würde. Ich fürchtete die mitleidigen und die abschätzigen Blicke und Kommentare. Ich wollte mich nicht für sie schämen und fürchtete doch, mich zu schämen. Der Weg war, die Furcht und die Scham zu erkennen – und sie dann zu verstoßen. Das Verstehenwollen wurde wieder zum Schlüssel. Ich arbeitete daran, mein Kind, das von Beginn seiner Existenz an in meine Verantwortung gegeben war, zu verstehen und damit diese neue Aufgabe zu verstehen und in sie hineinzuwachsen. Mit der Zeit wurden die Dinge, die ich in den Philosophieseminaren als theoretische Inhalte erarbeitet hatte, praktisch wirksam. Es war richtig, mein Kind verstehen wollend zu betrachten, weil ich wollen konnte, dass die Maxime dieses Handelns ein allgemeines Gesetz sein sollte (Kant). Es war richtig, sie als Ausdruck und Verkörperung von mehr als ihrer partikulären Existenz aufzufassen (Bradley). Es war eine spannende Herausforderung, mir darüber klar zu werden, dass ich von dem, was in ihr vorging, nur indirekt – und wegen ihrer eingeschränkten verbalen Kommunikationsfähigkeit nur rudimentär – Kenntnis haben konnte; ich konnte es nur in meinem Wissen wissen, als Monade (Leibniz). Die Furcht wich schließlich dem Stolz – Stolz darauf, dass mir zugetraut wurde, diese Aufgabe zu meistern. Und ich bediente mich all dessen, was ich in meiner Beschäftigung mit der Philosophie kennen gelernt hatte. Die Philosophie wurde für mich vom akademischen Objekt zur lebenspraktisch bedeutsamen Quelle. Und weil ich in jedem Semester wenigstens einmal ein, zwei Tage nach Mainz fuhr und dort die Seminare und Vorlesungen meines Doktorvaters besuchte, hörte auch dieses Lernen nicht auf.

Einmal drängte sich mir die Vorstellung auf, was gewesen wäre, wenn ... Wir erhielten für unsere Bibliographie die Publikationskataloge der philosophischen Verlage, dabei war einer von Thoemmes Press in Bristol. Darin fand ich – The Collected Works of Francis Herbert Bradley, neu ediert unter Einbeziehung des unveröffentlichten Nachlasses. Das wäre mein Projekt gewesen... Ich schluckte ein paar Mal, beschloss dann, etwas für mich Sinnvolles daraus zu machen, und schrieb für die »Information Philosophie« ein Porträt F. H. Bradleys und eine Präsentation der Nachlassbände. Mein Wunsch, einmal eine Textsammlung oder einen Aufsatz zu Bradleys Philosophie zusammen mit einem Freund und Kollegen, der auch bei Kopper über Bradley promoviert hatte, zu verfassen, gewann wieder klarere Konturen – er wird auch irgendwann verwirklicht werden.

Resümee

Was ist nun also mein »Beruf«? Ich bin Verlegerin und Mitproduzentin der »Information Philosophie« und gleichzeitig Mutter eines behinderten Kindes. In Rebekkas Lebenswelt – ihre Schule, die sie mit betreuenden Menschen – kann ich eine Dimension hineinbringen, die über das Medizinische und Sonderpädagogische hinausgeht. Haben sich meine Erwartungen erfüllt? Ja, wenn auch anders, als ich es mir vorgestellt hatte. Ich bin nicht an einer Universität tätig – aber mit meiner Alma Mater und meinem wichtigsten philosophischen Lehrer und meinem besten Freund und Kollegen dort weiter eng verbunden und profitiere von ihrer Lehrtätigkeit. Durch die »Information Philosophie« habe ich Kontakt zu vielen anderen Philosophen in der ganzen Welt. Ich organisiere in diesem Jahr zum zweiten Mal ein Philosophie-Blockseminar in meinem Heimatort und hoffe, dass dies zu einer regelmäßigen Veranstaltung werden kann. Ich werde etwas über Bradley schreiben. Durch glückliche Zufälle kam ich mit den für mich bedeutsamen Personen zusammen und nutzte die Chancen. Wäre ich heute da, wo ich bin, wenn ich nicht Philosophie studiert hätte? Ganz bestimmt nicht. Sicher: ich habe keine akademische Position, wie sie mir vielleicht einmal vorgeschwebt hat – eigentlich gar keine typische Berufskarriere nach einem Studium. Andererseits bin ich von Leistungsdruck und Ehrgeiz befreit und fühle mich sehr reich. Ja, auch mit einem behinderten Kind. Ich bereue keinen Tag meines Philosophiestudiums und keine der Entscheidungen, die ich im Laufe dieser Zeit getroffen habe. Das Studium der Philosophie hat mir diese Reichtümer erschlossen. Welchen Rat würde ich Studierenden der Philosophie heute aus meiner Erfahrung geben? Nun: Philosophie ist für die wenigsten ein Beruf, geschweige denn ein Beruf, der einen ernähren kann. Es gibt viele Studienabbrecher, und oft genug scheint die Sprache der Berufs- oder der akademischen Philosophie sehr weit von der Lebenspraxis entfernt zu sein. Was zählt, ist, die Denkarbeit, die man an den Werken der Philosophen lernt und einübt, für sich nutzbar zu machen, ganz gleich, welchen Beruf man schließlich wählt oder ausübt. Es ist meine Erfahrung und meine Überzeugung, dass man Kants »Sapere aude« als Handlungsanweisung aus der akademischen in die praktische Lebens- und Arbeitswelt hinein nehmen kann – und das auch tun sollte.

GUNTRAM PLATTER

Philosophie und/ versus Beruf

Von der bedingten Vereinbarkeit von Philosophie und real existierendem Berufsleben

Warum und zu welchem Behufe studiert man Philosophie? Diese Frage zu beantworten ist nicht ganz einfach, gibt es doch viele Gründe dies zu tun. Es könnte die Lust am Studieren schlechthin sein, es könnte die Lust am Denken sein, es könnte die Lust sein, philosophisch zu denken, zu leben und zu arbeiten, vielleicht ist es einfach das Interesse am Fach, vielleicht hat es aber auch mit der Suche nach Sinn zu tun, vielleicht möchte man aber auch einfach Philosoph werden – was auch immer das bedeutet.

Nun war ja der Beruf des Philosophen immer so eine Sache. Direkt Geld verdienen ließ sich damit nicht – es sei denn, man lebte in Deutschland, wurde deutscher Beamter (Professor) an einer Hochschule oder – eher seltener – Philosophielehrer an einer Schule. Aber diese Optionen sind heutzutage eher selten. Wenn man als Philosoph in nicht philosophischen Kontexten arbeiten will – zum Beispiel als Journalist oder Redakteur, wird gerade in diesen Bereichen oft nicht ernst genommen, was man gelernt hat – es sei denn man wird in einer Redaktion »Philosophie« tätig, die es in Deutschland nur einmal gibt. Arbeitet man in anderen Berufsfeldern, wie zum Beispiel Kommunikation oder Politik, wird das spezifische Können und Wissen nicht

Guntram Platter, Jahrgang 1959. Studium der Katholischen Theologie und Germanistik in Bonn, der Philosophie in Bonn und Köln. Nach dem Staatsexamen freier Redakteur bei RIAS TV; während der Promotion wissenschaftlicher Mitarbeiter im Deutschen Bundestag. Danach Pressesprecher in Wirtschaft und Industrie, zuletzt Bereichsleiter Kommunikation eines international tätigen Industriedienstleisters. Guntram Platter arbeitet heute freiberuflich: Er ist Gründer und Inhaber der ersten Philosophisch-Theologischen Praxis Deutschlands in Berlin.

abgefordert, vielmehr kann man sich dann als Kommunikator oder Politiker verdingen. Um das zu tun, muss man allerdings wiederum nicht Philosophie studieren – das ist eher hinderlich.

Man kann auch Berater werden – aber auch dazu sollte man eher nicht Philosophie studieren. Denn so manche, die sich als Berater hatten verdingen wollen – und unter ihnen war kein Geringerer als Platon von Athen – scheiterten und scheitern auch heute mit ihrem philosophisch reflektierten Beratungsangebot, weil sie sich durch die gemeinhin bekannten und hochdotierten Beratungsunternehmen in einem ganz wichtigen Punkt unterscheiden. Ernsthafte Philosophen nehmen ernst, was sie machen und möchten es durchsetzen, weil sie der Überzeugung sind, dass das vernunftmäßig Erkannte auch als Gegenstand und anleitend für unternehmerisches Handeln taugen müsse. So zu denken ist aber leider zutiefst unpolitisch, man könnte auch sagen, es geht an der psychologischen Realität der in Wirtschaft, Industrie und Politik Handelnden völlig vorbei. Im Gegensatz zu echten Denkern sind oft die Berater gern gesehen, die den Auftraggebern das erzählen, was sie gerne hören wollen. Solche Berater sind denn auch eher nicht Philosophen, sondern Hofschranzen. Und diese hochdotierten Hofschranzen gibt es in nahezu jedem größeren Betrieb.

Der Weg weg von der Theologie

Philosophie zu studieren oder gar Philosoph zu werden, kam mir persönlich zunächst nicht in den Sinn. Schon früh war das Leben vor allem von der Verpflichtung geprägt, für meinen Lebensunterhalt zu sorgen. Seit der Schulzeit habe ich nebenher Geld verdienen müssen, um mir die für die Ausbildung notwendigen Anschaffungen leisten zu können. Ich gab Nachhilfestunden, übernahm Jobs als Hilfspfleger sowie Nachtwachen in einem Krankenhaus, war Hilfsarbeiter in einem Getreidesilo, arbeitete als Promotionsfahrer auf einem LKW für die Deutsche Bahn und als Weinfachverkäufer für das Deutsche Weininstitut. Zeitweise konnte ich für eine Spedition die Endauslieferer von Werbeblättern beliefern, es gab dann Bares auf die Kralle. Ein Job bei einer politischen Fachzeitschrift brachte noch etwas dazu, ebenso die Mitarbeit bei der Vorbereitung eines internationalen Kongresses. An einer Hochschule immatrikuliert zu sein war insofern günstig, als ich die Gelegenheit bekam, als Studentische Kraft tätig zu werden. Eine billige und recht primitive Wohnung mit Kohleofen ließ mich die Finanzen einigermaßen im Griff behalten, wenn auch die Kohlehändler es mit dem Gewicht der angelieferten Kohle nicht wirklich genau nahmen. So ausgestattet war mein Studium – wenn auch nur halbtags – möglich, allerdings ohne nennenswerte oder gar BAFöG-geförderte Urlaube und Reisen.

Morgens und nachts hieß es also Geld verdienen und in der übrigen Zeit studieren. Ich studierte zunächst Theologie und Germanistik mit dem Ziel Staatsexamen. Zur Theologie war ich durch einen Onkel, der Priester war, gekommen. Dessen viele Bücher und die interessanten Lebensweisheiten, die er mir in vielen Gesprächen mitteilte sowie seine Lebenserfahrung haben mir anregende Stunden gebracht. So war für mich dieses Studium ein wirkliches Wahlstudium.

Am meisten interessierte ich mich für Pastoraltheologie, denn hier waren die Themen dem Menschen am nächsten. So schrieb ich schließlich auch die theologische Staatsarbeit in diesem Fach, und zwar über die Begleitung Sterbender. Das war seinerzeit noch kein wirkliches Thema. Die Altachtundsechziger-Generation beherrschte noch mit frischem Saft die Lehrstühle und dachte noch nicht ans Sterben. Es war geradezu schwierig, den Pastoraltheologen an der Universität Bonn von der Notwendigkeit, sich dieses Themas anzunehmen, zu überzeugen. Aber: »Non scholae sed vitae discimus« war meine Devise, und an der palliativen Station der Universitätsklinik in Köln brachte man mir das nötige Verständnis entgegen und förderte mein Vorhaben mit guten Ratschlägen. Dort vor allem machte man mir Mut, das Projekt durchzubringen. Die praktische Arbeit mit Sterbenden brachte mir zwar ein neues Verständnis vom Leben, allerdings fehlte es an der Supervision, sodass die Belastung schließlich zu groß wurde. Ich wandte mich von der Theologie ab und beschloss, zunächst – und es war durch die geringeren Arbeitsmöglichkeiten während der Examensphase auch wieder ziemlich nötig geworden – Geld zu verdienen.

Ich heuerte bei einer öffentlich-rechtlichen Sendeanstalt als Aushilfe und Mädchen für alles an. Das Geld floss anfangs nur spärlich, doch dann übernahm ich mehr und mehr Aufgaben, sodass ich bald genug zum Leben hatte; allerdings blieb immer weniger Zeit zum Studium. Dabei war mir eines klar geworden: Nur irgendwelche Jobs machen, das wollte mir im Leben nicht genügen. Also entschloss ich mich, weiterzustudieren.

Ich entschied mich für das Fach Philosophie. Mit einigem zeitlichen und inneren Abstand zur Theologie – insbesondere zu der schwer verdaulichen

Thematik des Sterbens – kam mir mehr und mehr der Gedanke, dass Wissenschaft als solche in der Theologie eigentlich nicht möglich ist, wenn die Voraussetzungen nicht oder nur theoretisch hinterfragt werden dürfen. Was geglaubt werden soll, kann man nicht wissen, was gewusst werden kann, kann man nicht glauben. Und das Wissen soll mit dem Glauben in Übereinstimmung gebracht werden, schrieb Anselm von Canterbury in seinem Brief gegen Roscellin. Es war aber nicht nur der logische Fehler in Anselms ontologischem Gottesbeweis (Anselm schließt aus der Definition von Gott als dem,»was als Höheres nicht gedacht werden kann«, auf dessen Sein), der mir die Grenzen der Theologie aufwies, nein – es war vielmehr die Gleichgültigkeit einer starren und hierarchischen Organisation, die mit konservativen und politisch kompatiblen Figuren vorgab, Wissenschaft zu betreiben, dabei aber den Menschen mit seinem Leben, seinen Bedürfnissen, Sorgen und Nöten, schlicht nicht als Gegenstand wissenschaftlichen Strebens begriff (begreift?). Diese Hinwendung zum Menschen erhoffte ich mir nun von der Philosophie.

Der Weg hin zur Philosophie

Der Kustos des »weltlichen« (es gab auch ein kirchliches) philosophischen Seminars in Bonn erklärte mir auf meine Frage, ob man denn einige Leistungsscheine der Theologie im Studium der Philosophie anerkennen lassen könnte, feierlich: »Sie haben also Theologie studiert – na ja: Philosophie ist wohl etwas ganz anderes. Wir erkennen generell nichts an, was aus der Theologie kommt. Gehen Sie doch zum kirchlichen Seminar«. Also hieß es um der Philosophie willen, die Schulbank zu drücken und ganz neu anzufangen. Und so schrieb ich mich in den Studiengang Promotion im Fach Philosophie ein. Ich hatte auch einen Plan für eine Dissertation. Ich wollte über die Scholastik schreiben und die oben aufgeworfene Frage behandeln. Dies ging allerdings wiederum nur in dem kirchlich-philosophischen Seminar der Universität, in dem ich bald die alten Strukturen, die ich ja eigentlich zu verlassen angestrebt hatte, wieder antraf.

Ansonsten schien alles klar zu sein – das Thema der Promotion, der Doktorvater, der Job. Doch dann passierte etwas, was mich sehr beeindruckte. Es war das »Geiseldrama von Gladbeck«, das in die Mediengeschichte eingegangen ist. Zwei Gangster hatten nach einem Banküberfall mehrere Geiseln genommen. Tagelang waren sie mit diesen – zuletzt zwei jungen

Frauen – in gestohlenen oder von der Polizei bereitgestellten Fahrzeugen unterwegs. Die Medien waren ständig dabei. Schließlich fuhren die Geiselnehmer auf die Domplatte in Köln – eine große Fußgängerzone unmittelbar vor dem Kölner Dom – und machten dort Pause. Natürlich düste auch der Kameramann meiner Sendeanstalt los, um die aktuellsten Bilder der Entführung zu covern. Und er kam bald zurück und zeigte viele Bilder. Das Pressehaus wurde zusammengerufen, und er hatte die Gelegenheit, seine Bilder an alle Sendeanstalten zu verkaufen, denn er war am »dichtesten dran« gewesen. Seine Bilder waren so dicht dran, dass man alles sehen konnte: zwei völlig übermüdete Gangster, die kaum noch die Augen aufhalten konnten. Ihre Bewegungen waren nur noch langsam, und sie waren kaum noch in der Lage zu sprechen – so fertig waren die. Meine Kollegen fragten ihn angesichts dieser Bilder, warum er denen denn die eine Pistole, die da war, nicht abgenommen hätte – das wäre doch ohne Weiteres möglich gewesen. Da meinte unser Kameramann, dass er das gefahrlos hätte tun können, aber er hätte es nicht gemacht, weil er ja die Bilder hätte machen wollen. Und je länger die Geschichte dauern würde, desto mehr Bilder könnte er verkaufen. Nach der Weiterfahrt der Geiseln mithilfe eines Kollegen eines Kölner Blattes endete das Geiseldrama zwei Stunden später in einer wilden Schießerei mit dem Tod einer der jungen Frauen auf der Autobahn nach Frankfurt. Abends berichteten die Nachrichtensprecher einhellig, dass eine »Menschenmenge auf der Domplatte das Eingreifen der Polizei behindert hätte«. Die Wahrheit war, dass die Polizei die Domplatte weiträumig abgesperrt hatte. Alle Menschen, die – über das Fluchtfahrzeug gebeugt – im Fernsehen zu sehen waren, waren Journalisten – denn nur Journalisten durften sich dem Fahrzeug nähern; die meisten kannte ich persönlich. Da entschloss ich mich, die Medien zum Gegenstand meiner philosophischen Untersuchungen zu machen. Ich wechselte den Doktorvater, ich wechselte das Seminar und ich wechselte das Thema: Ich schrieb eine Medienethik.

Der Weg außerhalb der Philosophie

Die Arbeit im Sender nahm inzwischen soviel Zeit und Kraft in Anspruch, dass ich nach neuen Einnahmequellen suchen musste, wollte ich das Projekt zum Abschluss bringen. Diese tat sich glücklicherweise durch eine Halbtagsbeschäftigung im Deutschen Bundestag auf. Halb arbeiten, halb studieren, das war für mich eine ideale Kombination. Trotz dieser günstigen finanziellen Situation war es ein großes Problem während der Zeit der Dissertation, mit generell verschiedenen Inhalten (im Abgeordnetenbüro und in der Philosophie) umgehen und ständig zwischen diesen Bereichen »switchen« zu müssen. Umso froher war ich, als ich die Promotionsurkunde in der Hand hielt und mich nun für eine Sache wirklich entscheiden konnte: den Beruf. Dass es der Beruf des Philosophen nicht würde sein können, lag auf der Hand – Stellen gab (und gibt) es keine. Durch die journalistische Tätigkeit beim Fernsehsender und die ausgeprägte Öffentlichkeitsarbeit im politischen Raum lag es nahe, mich bundesweit für Positionen in diesen Kommunikationsberufen zu bewerben. Und so kam es dann auch. Ich erhielt eine Position als Pressereferent an der gerade gegründeten Technischen Universität in Cottbus.

Zunächst musste ich mich als Rheinländer einmal kundig machen, wo denn Cottbus überhaupt liegt – es liegt in der Lausitz, rund 125 km südöstlich von Berlin. Das Büro, das mir zugeteilt wurde, war eine Plattenbaubude mit original DDR-Tapete. Auf der Toilette gab es aus Sparsamkeit noch DDR-Klopapier und überall roch es nach Wofasept. Ansonsten hielten sich diejenigen, die vom Land Brandenburg das Gehalt nahmen, freiwillig nicht länger in Cottbus auf als unbedingt nötig, sodass die Stadt zumindest im Wissenschaftsbereich ab Donnerstagnachmittags bis Dienstagsmittags völlig entvölkert war. Das war für mich die Zeit und die Chance, einen Kommunikationskreis in der Stadt aufzubauen – die Info-Börse Cottbus, die es heute noch gibt – und Öffentlichkeitsarbeit für die Stadt und die Universität zu machen. Durch die vielen Kontakte, die ich nicht nur über meinen Beruf, sondern auch über die Mitgliedschaft in der Singakademie Cottbus bekam, wurde ich schließlich recht schnell heimisch.

Philosophisch engagierte ich mich an der Volkshochschule, an der ich sehr anregende – unter anderem mit ehemaligen Anhängern des Marxismus-Leninismus – Seminare abhielt. An der Universität etablierte ich ein Wissenschaftsmagazin und veröffentlichte als Gründungsmitglied der Max-Scheler-Gesellschaft auch einen Artikel über Max Scheler.

An der Info-Börse Cottbus, die aus Journalisten, Pressesprechern und Vorständen bzw. Geschäftsführern von Unternehmen bestand, lernte ich den Direktor eines der umliegenden Großkraftwerke kennen. Er empfahl mich seinem Konzern, und so verließ ich nach rund zwei Jahren die Stadt, um nach Berlin in die Hauptverwaltung des Energiekonzerns zu wechseln und dort als Pressereferent tätig zu werden. Das war ein schöner Schritt, denn einerseits lockte Berlin, andererseits lockte ein Unternehmen der Großindustrie, und das Thema Strom ist ohnehin äußerst »spannend«.

Hier machte ich wieder Erfahrungen, wie man sie in den Konzernen der Republik allenthalben machen kann: Es herrschten Herrschsucht und Nepotismus, Unterwürfigkeit, Neid, Missgunst, Hinterhalt und Frust. Sachliche Themen interessierten kaum, und die Öffentlichkeitsarbeit war entsprechend schwierig. Sachfragen interessierten nur dann, wenn es darum ging, für den Vorstand irgendwelche Feierlichkeiten mit privaten Elementen zu organisieren und dazu »die Presse«, wie es stets abfällig hieß, einzuladen. Beliebt sind – wie könnte es anders sein – Preisverleihungen. Man kann was schenken, der Beschenkte freut sich öffentlich und »die freie Presse« lobt denn auch brav den Schenkenden. In einem solchen Zusammenhang bekam ich es ein weiteres Mal mit Mitgliedern der Berliner Clique zu tun (deren Methoden man kennen sollte, wenn man sich nach Berlin wagt). Kennen gelernt hatte ich sie schon in Cottbus in Form von Berlinern, die aus der Hochschullandschaft kommend die Neugründung einer brandenburgischen Universität gegen das Votum des Wissenschaftsrates über »politische« Kanäle durchsetzten und sich auch selbst gleichzeitig mit den entsprechenden Posten versorgten. In diesem Fall war es allerdings in einer relativ moderaten Form. Ein Berliner Museumsfreund war mit einem Vorstandsmitglied des Konzerns eng befreundet, mit dem er sich regelmäßig in den einschlägigen Berliner Clubs und natürlich im Kreis der evangelischen Kirchensynode traf. Man ordnete an, einen Kunst-Preis auszuloben: Dies geschah dann auch, und die Preise erhielten in schöner Regelmäßigkeit Leute, die wiederum Freunde der Freunde waren, die den Preis ausgelobt hatten – alles auf Kosten des Energiekonzerns, versteht sich. Im Zusammenhang mit einer solchen Preisverleihung sind dem Presseverantwortlichen keinerlei Grenzen gesetzt. Schließlich sollte noch der Bundeskanzler zur Inbetriebnahme eines Großkraftwerkes kommen. Dieses Ereignis war eine echte Herausforderung für meine Arbeit, allerdings auch das Ende des Unternehmens, das es heute nicht mehr gibt. Ich wusste, dass ich das sinkende Schiff schnell würde verlassen müssen.

Philosophisch engagierte ich mich mit Lehraufträgen im Fach Sozialphilosophie an der Fachhochschule Lausitz und Eberswalde, und ich schrieb nebenbei ein Buch, in dem ich versuchte, meine Erlebnisse im wahren Leben zu verarbeiten.

Ich wurde von einem Head-Hunter gefragt, ob ich nicht Lust hätte, für eine Sparkasse tätig zu werden. Das einzige, was ich wusste, war, dass es Sparkassen gab, und so fand ich die Idee verlockend. Ich landete in Potsdam bei der dortigen Sparkasse. Es war schon recht interessant zu sehen, wie eine Unternehmensgruppe dieser Dimension im Markt agiert. Ob es eine Bootstaufe in Zootzen war oder eine Veranstaltung mit dem Landtagspräsidenten und Vertretern des Deutschen Sparkassen- und Giroverbandes in der Landeshauptstadt, das Spektrum für die Presse- und Öffentlichkeitsarbeit war groß. Doch es gab da ein Problem – und das war der Vorstand. Völlig unkommunikativ im persönlichen Umgang, um es freundlich zu sagen, voller Machtbesessenheit, ohne jeden Bezug zu professioneller Kommunikation, begrub er alle Initiativen, in dem er sich entweder in der Öffentlichkeit so benahm, dass man die Öffentlichkeitsarbeit besser von vornherein ließ, oder er torpedierte Vorhaben, indem er den Geldhahn zudrehte. Schließlich wurde ohne mein Wissen meine Unterschrift benutzt, sodass ich mich entschloss, die Sparkasse zu verlassen.

Philosophisch engagierte ich mich in der Ostdeutschen Sparkassenakademie mit Kursen zur Ethik in der Wirtschaft. Inzwischen hatte auch die Vereinigung Berliner Pressesprecher, die ich 1997 mitgegründet hatte und die heute über 200 Mitglieder zählt, eine erfreuliche Entwicklung genommen. Durch die größeren Veranstaltungen in der Landeshauptstadt hatte ich Kontakt zum Deutschen Sparkassen- und Giroverband (DSGV), dem Dachverband der Sparkassenorganisation. Von dort erhielt ich ein Angebot, als stellvertretender Pressesprecher tätig zu werden. In der Hoffnung auf bessere Strukturen, auf mehr Möglichkeiten, den Beruf professionell ausüben zu können und aus Interesse an der Organisation begab ich mich zuversichtlich nach Berlin. Die Erfahrungen aber wiederholten sich.

Ich landete in einer Abteilung mit einem Abteilungsleiter, den der Präsident wie einen Kometenschweif hinter sich herziehen ließ. Es war ein persönliches und recht gespanntes Vater-Sohn-Verhältnis, das eine unbeschwerte Kommunikation über die politischen, praktischen und sachlichen Fragen ausschloss. Es galt Netzwerke zu bilden, Beziehungen zu knüpfen, Abhängigkeiten zu schaffen und ›Herrschaftswissen‹ zu erhaschen. Die durchschnittliche Verweildauer von Angestellten dort lag seinerzeit bei unter zwei Jahren ...

Hinzu kam aber noch ein anderer Umstand. Es ging wieder einmal vor allem um Feste. Dafür hatte der Präsident eigens eine promovierte Geisteswissenschaftlerin zur Verfügung, die sich selbst folgerichtig als »Kaltmamsell« bezeichnete. Und wo richtet man Feste am besten aus? Natürlich auf einem Schloss. Also musste ein Schloss her. Der Präsident kaufte es auf Firmenkosten von adeligen Freunden aus seiner Heimat. Der Erwerb dieses großen Schlosses für 125 Mio. DM und natürlich die Aufgabe, der Öffentlichkeit (der Sparkassenöffentlichkeit mit ihren 280 000 Mitarbeitern und der gesamten Öffentlichkeit) den Sinn dieses Kaufs zu vermitteln, war eine Herausforderung der ganz besonderen Art.

Ein weiterer Umstand war, dass es wieder einen ›Berliner Berater‹ und Vertrauten des Präsidenten gab. Dieser Berater war Anfang der 90er Jahre als Verantwortlicher der Olympia GmbH wegen dubioser Vertragsabschlüsse mit einer Werbeagentur in die Kritik geraten. Ein Unternehmenssprecher der Firma, bei der er einst tätig gewesen war, ließ sich im ›Tagesspiegel‹ mit den Worten zitieren: »Wir wissen nicht, wo Herr G. ist, und wir wollen es auch gar nicht wissen.« Dieser Artikel durfte allerdings nicht im Pressespiegel erscheinen und wurde nur dem Präsidenten heimlich zugesteckt. Als dann der Präsident eines Tages vor Journalisten eine Analogie zog zwischen der Energiewirtschaft und der Kreditwirtschaft und ich es aufgrund meiner einschlägigen Kenntnisse der Energiewirtschaft später dem Berater gegenüber wagte, diese Analogie kritisch zu hinterfragen, legte man mir nahe, mir einen anderen Job zu suchen. Schließlich war es im Bereich der Öffentlichkeitsarbeit inzwischen auch nicht mehr vermittelbar, dass ausgerechnet ein Sparkassenpräsident als erster öffentlich äußerte, dass man das öffentliche Sicherungssystem der Sparkassen (Anstaltslast und Gewährträgerhaftung) aufgeben könnte, so wie es der EU-Kommissar Mario Monti in Brüssel von den Sparkassen in Deutschland immer wieder gefordert hatte. Während sich die anderen Bankenverbände über diesen Beginn des Untergangs der Sparkassen erfreut die Hände rieben, war ich als Pressemann beim DSGV auf verlorenem Posten. Heute, nachdem der Sparkassenpräsident seinerzeit die elementaren Wurzeln der Sparkassen und ihre soziale Funktion aufgegeben hat, wundert es mich nicht, dass die ersten Sparkassen (z. B. Rostock) bereits zum Verkauf anstehen.

Philosophisch engagierte ich mich in dieser Zeit an der Freien Universität Berlin mit Lehraufträgen zum Thema »Öffentlichkeitsarbeit und Ethik«, dem Verfassen einiger Aufsätze unter anderem in »Die Sparkasse«

(Brauchen Unternehmen Ethik?) und der Herausgabe einiger Bücher in der Reihe Philosophie und Gesellschaft.

Angesichts solcher Zustände wechselte ich in eine Institution der deutschen Wirtschaft, die sich mit Normung beschäftigt. Auch diese war sehr altehrwürdig – bereits 1917 gegründet –, auch diese war sehr interessant. Und auch hier gab es einen Präsidenten, auch hier waren die wichtigsten Themen der Öffentlichkeitsarbeit die zu vergebenden Preise und Feste und – wie sollte man es anders vermuten: Auch hier geisterte wieder ein hochdotierter Kommunikations-Berater der Berliner Clique herum und saugte reichlich Kapital ab. Diesem und seinem Auftraggeber, dem stellvertretenden Vorstand, der selbst gerne Vorstandsvorsitzender geworden wäre, war es natürlich nicht recht, dass die Kommunikation nun von mir geleitet werden sollte, der ich in das Lager des Vorstandsvorsitzenden gehörte.

Hinzu kam der betriebswirtschaftliche Zustand der Organisation. Anfang der 90er Jahre war im Größenwahn ein Hochhausturm (»modernes Schloss«) gebaut worden. Und da nun schon seit mindestens fünfundzwanzig Jahren versäumt worden war, das eigentliche Feld zu bearbeiten, betrug die durchschnittliche Betriebszugehörigkeit über 17 Jahre und das Durchschnittsalter der Belegschaft und in den Gremien, die die Arbeit machen sollten, über 50 Jahre. Große Firmen, ja ganze Branchen – wie zum Beispiel die Luft- und Raumfahrtindustrie – waren inzwischen ausgestiegen, die Beiträge – also das Budget – schrumpften ständig. Die Normungsabteilungen mussten aufgegeben werden, weil Idee und Notwendigkeit der Normung politisch nicht kommuniziert worden waren. Und: Man war nicht mehr auf dem Stand der Technik! Außerdem gingen für viele zigtausend Euros sinnlose Projekte durch. Und deshalb war man schließlich zahlungsunfähig – jedenfalls partiell. Öffentlichkeitsarbeit war so nicht mehr sinnvoll durchführbar: Diese Institution wurde in Deutschland nicht mehr ernst genommen.

Philosophisch engagierte ich mich mit Lehraufträgen und Vorträgen zur ›Ethik in der Wirtschaft‹.

Der Weg zurück zur Philosophie

Nun hatte ich genug gesehen von der Industrie und der Wirtschaft. Ich hatte genug erfahren von den »deutschen Krankheiten«, die Max Scheler beschreibt: »Herrschsucht, Klassenegoismus, ideenlosem Beamtentum, Militärdressur und ebenso wohl blindem Arbeits- und Betätigungsdrang wie geschmacks- und geistfreier Genusssucht«. Ich besann mich auf die Philosophie, und dies vor allem in der Gewissheit, dass ich denjenigen, die an diesem System womöglich leiden, helfen kann, weil ich das System kennen gelernt hatte. So gründete ich die erste Philosophisch-Theologische Praxis in Deutschland (www.philosophisch-theologische praxis.de).

Dabei bin ich von den Möglichkeiten der Philosophie ausgegangen und habe sie mit der Theologie kombiniert. Leitfrage war: Was können Philosophie und Theologie für Unternehmen und Privatpersonen leisten? Die Erfahrung der Philosophiegeschichte lehrt uns, dass Philosophie und Philosophen und Theologie und Theologen immer dann gefragt waren und sind, wenn Situationen unklar geworden sind, Gewohntes sich verändert hat, Gelerntes veraltet ist, lieb Gewonnenes zu zerrinnen droht. Aber auch in Entscheidungssituationen, die über das Alltägliche hinausweisen, zum Beispiel wenn moralische Fragen berührt sind, ist Philosophie gefragt. Geht es doch darum, Antworten auf Fragen zu finden, die nicht nur logisch sind, sondern die auch moralischen Bestand haben und eine gewisse Allgemeingültigkeit für sich in Anspruch nehmen können. Immanuel Kant formulierte für die theoretische Philosophie die Frage: »Was kann ich wissen?«, für die praktische Philosophie: »Was soll ich tun?«

Wir beraten Unternehmen und Institutionen in bezug auf »corporate communication« – also auf alles, was mit der internen und externen Kommunikation und der entsprechenden Organisationsberatung zu tun hat. Privatpersonen beraten wir philosophisch bei wichtigen Fragen des Lebens, in Konfliktsituationen oder auch in Grenzsituationen. Zu beiden Bereichen gehört eine umfassende Analyse, Entwicklung und Umsetzung von Handlungsstrategien, die Beratung bietet Orientierung und Organisations- und Lösungshilfen. Ziel ist es, Menschen in ihren privaten und beruflichen Lebenssituationen, bei persönlichen und unternehmerischen Entscheidungen, bei Problemen, Zweifeln und Fragen zu beraten und zu unterstützen, Orientierung zu geben, Ziele und Werte zu definieren, neue Wege zu finden.

Inzwischen betreuen wir eine ganze Reihe von Unternehmen und privaten Klienten, wobei erfreulich ist, dass die privaten Klienten – im Gegensatz zu Firmenkunden – eher Änderungen anstreben. Schwerpunkte der Beratung sind hier Seelsorge und Kommunikationsberatung – sei es in Trauerfällen, bei Partnerschaftsproblemen oder bei Karrierefragen. Dieser Service wird gut angenommen, weil wir uns als Hebammen der Erkenntnis verstehen und den Klienten durch unsere Methode so manche teure Therapie ersparen. Viele Klienten fühlen sich ja nicht krank, nur weil sie ein Problem haben. Aber sie streben doch an, das Problem zu lösen. Dabei hilft es, die Gedanken zu sortieren, Visionen zu entfalten, das Mögliche und Machbare aufzuzeigen, einen Weg neu zu formulieren und den Klienten zu begleiten. Unternehmen haben oft ein Kommunikationsproblem – sei es intern, sei es extern. Hier hilft die philosophische Praxis, Botschaften zu formulieren und auch zu kommunizieren.

Wer philosophisch praktisch tätig werden will, sollte mindestens die folgenden zehn Regeln für eine philosophische Praxis beherzigen:

1. Ohne erheblich an Lebenserfahrung vor allem im nichtphilosophischen Bereich gesammelt zu haben, wird man sich nicht ernsthaft mit den Problemen befassen können.
2. Hohe Qualifikation ist ausschlaggebend (»Magister Artium« als Abschluss allein ist zu wenig...)
3. Frei sein von Abhängigkeiten
4. Mit Phantasie und Empathie den Menschen begegnen
5. Sich entscheiden für die Philosophie
6. Sich bewusst sein, was Philosophische Praxis bedeutet
7. Netzwerke knüpfen
8. Schwerpunkte setzen
9. Logisch vorgehen
10. Nicht Esoterik anbieten und keine Heilsversprechen geben.

... und einige Gedanken dazu:

- Man sollte zügig, zielstrebig und effektiv studieren (nicht mehr als zehn Semester bis zum ersten Abschluss).
- Man sollte nebenher in verschiedenen Berufsfeldern Erfahrungen sammeln.
- Man sollte sich bewusst sein, was man beruflich machen möchte.
- Man sollte sich entscheiden, welche Karriere man machen möchte und dies dann auch systematisch planen.
- Man sollte sich bewusst sein, dass man Philosophie im »normalen« Berufsleben bestenfalls als nebenberufliche Liebhaberei betreiben kann.
- Man sollte als Philosoph möglichst viel veröffentlichen.

Viel Glück!

FRITHJOF REINHARDT

„Leben ist den Widerspruch in sich zu haben und ihn auszuhalten."
(Hegel)

Philosophie muss zurück auf die Marktplätze
Oder von der Lust, außerhalb der akademischen Hallen zu philosophieren

Frithjof Reinhardt, geboren 1959 in Greifswald, verheiratet, eine Tochter. Studium der Philosophie in Leipzig, Promotion über Hegels »humanistisches Programm der unsichtbaren Revolution des Geistes«. Anschließend Tätigkeit in kulturellen Einrichtungen, daneben Forschungs-, Publikations- und Lehrtätigkeit. Seit 1995 freiberuflich als Philosophie- und Kulturhistoriker tätig. Gründer und Leiter des Instituts für Philosophie und Kulturgeschichte Bad Berka, das Veranstaltungen, Seminare und Projekte im Rahmen der Erwachsenenbildung zu philosophischen und kulturhistorischen Themen anbietet.

Es ist keineswegs nur eine Schwierigkeit der heutigen Zeit, als Philosophin oder Philosoph entsprechende Arbeitsfelder zu finden. Mit den folgenden Ausführungen versuche ich, Ihnen meinen Weg und meine Tätigkeitsfelder zu umschreiben, um Sie anzuregen, für sich Perspektiven zu finden.

Und gleich vorab, ich würde heute wieder Philosophie studieren.

Meinen Werdegang möchte ich von der Gegenwart aus erzählen, gewissermaßen dem Zeitstrahl entgegengesetzt.

Als promovierter Philosoph, genauer Philosophiehistoriker habe ich 1995 in Bad Berka das *Institut für Philosophie und Kulturgeschichte* gegründet. Die Aufnahme der freiberuflichen Tätigkeit war von Anbeginn stark auf eine enge Zusammenarbeit mit anderen ausgerichtet.

Ich bin überwiegend in der außerschulischen Jugend- und Erwachsenenbildung tätig. Um einen Überblick zu geben, zähle ich im Folgenden wesentliche Inhalte meiner Arbeit sowie einige Partner und Auftraggeber auf:

- Seit 1991 gestalte ich, oft in Zusammenarbeit mit der Landeszentrale für politische Bildung Thüringen, Wochenendseminare zu philosophischen Themen mit Jugendlichen.
- Mit der Europäischen Jugendbildungs- und -begegnungstätte in Weimar gestalte ich für Jugendliche aus Europa Vorträge, Seminare, Projektwochen zum Themenkomplex »Weimarer Klassik«.
- Ich halte als Lehrbeauftragter Vorlesungen an der Technischen Universität in Ilmenau.
- Seit 2000 finden für Studierende und Promovierende aus der ganzen Welt die »Weimarer Sommerkurse« statt. Hier bin ich Mitorganisator und für den Kurs Philosophie verantwortlich.
- Ich halte Vorträge bei der Bundeswehr, um junge Soldatinnen und Soldaten mit Fragen zu konfrontieren, mit denen sie sich in ihrem Alltag selten bewusst auseinander setzen.
- Ein weiteres Arbeitsfeld sind Fortbildungen für Lehrerinnen und Lehrer zu philosophischen, philosophiehistorischen, politischen und ethischen Themen.
- Bereits seit 1996 gestalte ich in Kooperation mit der Landeszentrale für politische Bildung Thüringen eine Gesprächsreihe, die sich »Philosophisches Frühstück« nennt, da sie am Sonntagvormittag stattfindet und mit einem Buffet verbunden ist, darüber hinaus aber die Thematisierung unterschiedlichster anspruchsvoller philosophischer Themen umfasst. Das Veranstaltungsformat wird zur Zeit erweitert.
- Nicht zuletzt arbeite ich an Projekten der Qualifizierung im Bereich des Kulturtourismus mit, da gerade in Thüringen die Geistesgeschichte (Weimarer Klassik, Deutscher Idealismus, Romantik, die Geschichte der Pädagogik) interessante touristische Anknüpfungspunkte bietet.
- Seit 1993 gestalte ich mit verschiedenen Trägern Bildungsurlaube in Thüringen.
- Darüber hinaus bin ich in verschiedenen Vereinen ehrenamtlich tätig (z. B. Heimatbund Thüringen e. V. – einem Landesverband für Natur- und Umweltschutz, Regionalgeschichtsforschung, Denkmalschutz und Kulturpflege und der Ländlichen Erwachsenenbildung Thüringen e. V.).

Die Aufzählung zeigt ein weit gefasstes Spektrum an Themen. In verschiedener Form werden diese an unterschiedliche Personengruppen vermittelt. Trotz dieser breiten Streuung ergibt sich für mich aus alledem ein einheitliches Ganzes. Ziel meiner Bestrebungen ist, Menschen zum gemeinsamen Vor- und Nachdenken in den unterschiedlichsten Kontexten anzuregen. In den Gruppen werden Fragen der Geschichte, der Gegenwart und der Zukunft diskutiert. Dabei versuche ich, Denkanstöße zu geben, Orientierungspunkte zu suchen, Undeutliches schärfer zu skizzieren und scheinbar Selbstverständliches zu hinterfragen. Dieses weite Verständnis von Philosophie motiviert mich bei meiner Arbeit. Eng damit verbunden ist der unbescheidene sokratische Anspruch, Menschen bei der Findung dessen, was Tugend sei und was ihrem Leben Gewicht geben könnte zu helfen.

Bei dieser zeitintensiven Arbeit werde ich oft gefragt, ob ich eine Familie habe. Ja, ich bin verheiratet und habe eine Tochter. Unser Leben schließt die Arbeit ein, womit sie Teil des Lebensinhaltes wird. Die Frage einer Kollegin, ob ich gern etwas anderes machen würde, verneinte ich, machte allerdings eine Einschränkung: Es wäre schön, hin und wieder mehr Zeit für meine Familie und mich zu haben. Die Arbeit ist manchmal kräftezehrend. Zu meinem Leidwesen fällt mir das Nein-Sagen schwer, wenn neue Angebote und Herausforderungen an mich herangetragen werden.

Die Rahmenbedingungen meiner Arbeit

An dieser Stelle wird Sie die Frage bewegen, wovon ich lebe. Als Selbstständiger verdiene ich mein Geld ausschließlich über die oben beschriebene Vortrags-, Lehr-, Seminartätigkeit. Ich kann, auch das sei erwähnt, davon gut leben. Natürlich bedarf es einer Vielzahl von Aufträgen. Wie gelange ich nun aber zu Aufträgen? Hier komme ich auf das Netzwerk zu sprechen, in dem ich lebe und das ich mit aufgebaut habe.

Der Begriff Netzwerk ist heute beliebt und wird häufig gebraucht. Darin liegt auch die Gefahr der Beliebigkeit. Dennoch gefällt er mir zur Beschreibung meines Arbeits- und Lebensumfeldes. Wie jeder andere Mensch habe ich Freunde und Bekannte, aber neben den persönlichen Aspekten bestehen darin gleichzeitig Arbeitsbeziehungen. Entscheidend ist, dass beides unterschieden wird und dennoch zusammengehört, es zusammengehört und dennoch unterschieden wird. Hegel nennt es die »Identität der Identität und Nichtidentität«. Nur wer dies dialektisch zu fassen vermag, wird über dem einen das andere nicht aus den Augen verlieren, sodass beides auch seinen Eigenwert behält.

Diesen Zusammenhang möchte ich an einem Beispiel verdeutlichen. Mitunter treffe ich mich mit Freunden zu einem Arbeitsfrühstück. Wir treffen uns aus Spaß an der Freude und am Zusammensein. Gleichzeitig werden dabei viele neue Projektideen geboren. Hierbei entsteht für mich ein »Netzwerk«, verstanden als das klassische Projekt, bei welchem durch intensive Kommunikation in Arbeits- und Lebenszusammenhängen etwas Neues gesucht und versucht wird. Wenn ich hier das Wort klassisch verwende, so um einen begrifflichen Bezug zur »Weimarer Klassik«, dem thematischen Schwerpunkt meiner heutigen Arbeit herzustellen. Denn das Besondere an der viel gelobten und gescholtenen Klassik war der Zusammenhang von Arbeit und Leben, waren die vielfältigen kommunikativen Beziehungen. Diese kommunikativen Zusammenhänge – eben das Netzwerk – sind für meine Arbeit in vielerlei Hinsicht äußerst wichtig.

Zum einen hat diese Arbeitsform eine tiefe menschliche Dimension. Referenten *(Dozenten, Lehrende, Professoren)* sprechen zwar oft *vor* Menschen, fühlen sich aber dennoch allein. Ich weiß von vielen Trainern, die von Seminar zu Seminar hetzen. Dort treffen sie zwar Menschen, ohne jedoch mit ihnen in einen Prozess tieferer Kommunikation einzutreten. Während und auch nach dem Seminar haben sie in aller Regel keine Partner zum Gedankenaustausch. In meiner Arbeit hingegen schätze ich den Luxus, mit vielen Freunden – natürlich in Abstufung der Enge der Beziehung – zusammenarbeiten zu können und nicht allein zu sein. Diese menschliche Dimension schließt auch ein, dass sich Arbeits- und Lebenszusammenhänge überkreuzen. Das kann bis in den Bereich des Ehrenamtes gehen.

Netzwerk bedeutet auch, dass die inhaltliche Kompetenz erweitert wird und man nicht als »Fachidiot« oder als »Träumer« abgestempelt wird. Wer kennt nicht die vielen Vorurteile ob der »Weltfremdheit« der Philosophen – gerade hier kann die ehrenamtliche und praktische Mitarbeit in unterschiedlichen Bereichen wichtige Erfahrungsfelder erschließen. »Erfahrung ist aller Wissenschaften Anfang. Erfahrung macht noch nicht den Philosophen, aber nimmer wird ein Unerfahrener ein Philosoph«, formulierte Helmut Seidel 1980. Die Kompetenz in verschiedenen Erfahrungsfeldern ist nicht nur für die Teilnehmer interessant. Auch mancher Auftraggeber profitiert gern von dieser »Netzwerkkompetenz«.

Letztlich meint Netzwerk natürlich auch die arbeitsteilige Gestaltung eigener Projekte und den dauerhaften Kontakt zu potenziellen »Auftraggebern«. Allerdings ist Letzteres, und das ist ganz wichtig, sekundär. Menschen spüren schnell, wenn sie als Mittel zum Zweck benutzt werden.

Meine Arbeit bringt es mit sich, mit vielen recht unterschiedlichen Menschen zu tun zu haben. Dafür sind die sozialen Kompetenzen – heute als »Soft Skills« bezeichnet – von elementarer Bedeutung. Wem es an Selbstbeobachtung, Selbstkontrolle, sozialer Wahrnehmung, Teamfähigkeit oder an Konfliktfähigkeit mangelt, der wird schwerlich erfolgreich sein. Auch rhetorische Fähigkeiten sind wichtig. Jedoch erachte ich die *eigene Begeisterung* für das Thema als noch wichtiger. Teilnehmer spüren genau, wenn jemand ein zwar rhetorisch ausgefeiltes, thematisch aber beliebiges Referat hält. Die Authentizität, das eigene ehrliche Interesse und die Begeisterung für die zu behandelnden Fragen erscheinen mir als wichtigste Voraussetzung! Deshalb arbeite ich nur an Themen, die mich selbst wahrhaftig interessieren.

Ein weiterer entscheidender Faktor für erfolgreiche Projekte besteht darin, die gewählten Themen und deren Inhalte mit den Rezeptionsgewohnheiten der Teilnehmer in Übereinstimmung zu bringen. Didaktische Überlegungen sind für die Gestaltung von Seminaren von großer Bedeutung. Studierende sollten sich frühzeitig mit diesem Themenfeld auseinander setzen. Die Lernpsychologie belegt, dass der optische Wahrnehmungskanal bei Lernprozessen eine hervorragende Bedeutung hat. Deshalb arbeite ich viel mit moderner Präsentationstechnik. Im Selbststudium und durch Beobachtung von Kollegen habe ich mir die dafür notwendigen Kenntnisse erarbeitet.

Ebenso nötig war und ist die Weiterbildung zu Fragen der Kommunikation. Dieser Themenkomplex lässt sich sowohl für die Arbeit im Netzwerk als auch für die Gestaltung der Seminare und als Seminarthema nutzen. Als ich mit Kollegen anfing, Vorlesungen und Seminare zu gestalten, haben wir wechselseitig bei unseren Veranstaltungen hospitiert, um uns dann sehr kritisch mit unserer Arbeit auseinander zu setzen – einer Vorlesung von 1,5 Stunden konnte schon einmal eine Auswertung von 3 Stunden und mehr folgen.

Das Philosophiestudium als Ausgangspunkt

Es war meine fünf Jahre ältere und Philosophie studierende Schwester, die mich darauf aufmerksam machte, dass die Fragen, die mich beschäftigten, philosophischer Natur waren. Ihrer Einladung folgend besuchte ich mit vierzehn Jahren erste Vorlesungen in Leipzig. Dabei reifte der Entschluss, auch Philosophie zu studieren. Das Motiv für das Studium war einfach: Ich wollte mich mit den Themen weiter beschäftigen, die mich bewegten. Nach einigem Hin und Her in Elternhaus und Schule bewarb ich mich für das Studium und wurde angenommen.

Es würde hier jeden Rahmen sprengen, wollte ich auf die Besonderheiten des Philosophiestudiums in der ehemaligen DDR eingehen. Allein eine Besonderheit sei hier doch erwähnt, da sie meinen Lebensweg prägte – die Lehrtätigkeit. Da es für Nachwuchswissenschaftler in der ehemaligen DDR äußerst schwierig war, die eigenen Gedanken in Publikationen zur Diskussion zu stellen, wurde der Seminarraum zum öffentlichen Wirkungsfeld. Lehrtätigkeit wurde so nicht zur Last neben der Forschung, sondern zur Lust. Diese Lust zur seminaristischen Tätigkeit, damals befördert durch die beschränkten Möglichkeiten publizistischer Darstellung, treibt mich auch heute sehr stark an. Sie ist gekoppelt mit dem sokratischen Pathos, in die Polis hineinwirken zu wollen. Neben der Lehrtätigkeit an der Universität begann ich, Vorträge in unterschiedlichen Kontexten zu halten, und legte so den Erfahrungsgrundstein für meine heutige Tätigkeit.

Während des Philosophiestudiums wurde schon sehr früh die Geschichte der Philosophie und insbesondere die Auseinandersetzung mit Hegel zum Schwerpunkt meiner Arbeit. Dabei hatte ich mit Helmut Seidel einen international anerkannten Philosophiehistoriker als Lehrer und späteren »Doktorvater«. Zudem scheint mir die Geschichte der Philosophie auch heute noch das Organon zum Philosophieren zu sein. Es befähigt, sich in unterschiedlichste Denkgebäude hinein zu versetzen. Diese Fähigkeit ist nicht nur für ein offenes Philosophieren wichtig, sondern gerade auch für den Diskurs. Gleichzeitig – und dies betone ich aus der Sicht meiner heutigen Tätigkeit – eröffnet die Geschichte der Philosophie ein schier unendliches Themen- und damit Vortrags- und Seminarfeld.

Vor allem beschäftigte ich mich mit der Philosophie Hegels. Als Student war es mir eine Herausforderung, mich mit diesem vermeintlich schwierigen Denker auseinander zu setzen. Meine Fähigkeit in Widersprüchen zu denken, systematisch und enzyklopädisch zu arbeiten ist an Hegel geschult. Diese Fähigkeit ist auch in der heutigen Arbeit unverzichtbar.

Während der Arbeit an der Dissertation wurde mir immer deutlicher, dass Hegel, wie andere Philosophen auch, nur aus dem historischen Kontext begriffen werden kann. In der Folge wurde die »Weimarer Klassik«, verstanden als ein Kommunikationsprozess, der alle geistigen Entwürfe jener Zeit umgreift, zunehmend Schwerpunkt meiner Arbeit. Ich arbeitete mich tiefer in diesen Kommunikationsprozess hinein.

Diese Arbeit konnte ich nach meinem Studium fortsetzen, da ich als Philosophiehistoriker vom Thüringer Wirtschaftsministerium beauftragt wurde, das Tourismusprojekt »Klassikerstraße Thüringen« wissenschaftlich zu begleiten. Eine äußerst spannende Aufgabe und ein interessanter Auftrag, der mir vorher kaum vorstellbar gewesen war.

In meiner Zeit als Forschungsstudent – dieser Status ist dem eines heutigen Assistenten zu vergleichen – verfügte ich über ein besonders wertvolles Gut: Zeit. Es war mir möglich, mich intensiv mit den *mir* wichtigen Fragen zu beschäftigen. Ich konnte mich tief in ein Thema versenken, ohne materielle Sorgen und Gedanken an eine mögliche Verwertbarkeit. Von dieser Erfahrung ausgehend, bin ich heute bemüht, mir meine Arbeitsbedingungen selbst zu gestalten. So gebe ich mir jedes Jahr ein zentrales Arbeitsthema vor, unterbreite dazu Angebote und erreiche es auch, zu genau diesem Thema Aufträge zu bekommen. Damit entsteht zumindest zeitweise eine beflügelnde Arbeitsatmosphäre, die der meiner Forschungsstudentenzeit gleicht. Im Jahr 2003 war Herder anlässlich seines 200. Todestages mein Thema. Unter dem von mir gewählten Thema »Herder« fanden viele Seminare, Bildungsurlaube und andere Veranstaltungen statt.

Der Start ins Berufsleben

Das Ende meines Studiums und der Start ins Berufsleben verbanden sich bei mir mit einer Reihe von einschneidenden Ereignissen. Ich sollte die für einen Promovenden einmalige Chance bekommen, ein Institut zur interdisziplinären Klassikforschung in Jena aufzubauen. Das war eine Herausforderung, die ich aber auf Grund der politischen Rahmenbedingungen ablehnte.

Ich entschied mich dafür, an eine weniger prominente Kultureinrichtung in einer thüringischen Kleinstadt zu gehen. Hier war es mir möglich, meine Lehrtätigkeit in Leipzig fortzusetzen und »nebenbei« eigene Forschungsarbeit zu leisten. Gleichzeitig begann ich, gemeinsam mit Freunden, Seminare und Veranstaltungen zu philosophischen Themen anzubieten. Die Wende eröffnete unzählige neue Wirkungsmöglichkeiten.

Interessante neue Kontakte ergaben sich. Damit einher ging aber auch die Schließung vieler Kultureinrichtungen – ich verlor meine bezahlte Arbeit. Unendlich viele Biographien bekamen in dieser Zeit einen Knick. Viele meiner Kollegen wandten sich von der Philosophie ab, wurden Immobilienhändler, Versicherungsvertreter oder Angestellte bei Krankenkassen.

Ich wollte jedoch unbedingt weiter an philosophischen Themen arbeiten, wenn auch die Wirkungsmöglichkeiten in diesem Bereich immer geringer wurden. Kollegen aus den »alten« Bundesländern besetzten nunmehr die Institutionen. Alles war im Umbruch, und mir fehlte jegliche Erfahrung mit freiberuflicher Tätigkeit. Das einzige, was feststand, war, ich wiederhole es noch einmal: Ich wollte weiter im philosophischen Bereich tätig sein.

Die veränderten Bedingungen nach der »Wende« und der Weg in die Freiberuflichkeit

In dieser unklaren Situation, noch in der »Warteschleife«, stand ein mir damals unbekannter Mann vor der Tür. Dr. Burkhardt Kolbmüller, heute mein Freund, sagte, er habe gehört, dass hier einer aus Leipzig wohne, der sich mit Philosophie, vor allem dem Deutschen Idealismus und der Geschichte auskenne. Er fragte mich, ob ich nicht in einem Projekt mitmachen wolle, bei dem ich meine Arbeitsaufgaben selber noch genauer bestimmen und Seminare entwickeln und anbieten könne. Der Rest würde sich schon finden!

So begann ich, in einem ABM-Projekt mitzuarbeiten. Es war von Anfang an darauf angelegt, neue Perspektiven zu eröffnen und nicht nur Arbeitslosigkeit zu überbrücken. Meine neuen Kollegen, von denen einige noch heute meine engen Freunde sind, erforschten die Dörfer Thüringens. Ich hingegen wollte und sollte mich mit der Geschichte des Landes, vor allem der Geistesgeschichte auseinander setzen und Seminarangebote entwickeln. Thüringen wurde mir so nach und nach zur Heimat. Das schloss vor allem ein, dass ich in die gerade entstehende neue Bildungslandschaft mit hineinwuchs, viele Kontakte herstellte und Freunde gewann. Damit wuchs ich in einem allmählich entstehenden Netzwerk auf, war gleichzeitig dessen Mitinitiator und Konstrukteur. Veranstaltungsreihen wie »Jugend philosophiert« oder Weiterbildungsveranstaltungen der Landeszentrale für politische Bildung für Lehrer zu ethischen, philosophischen und politischen Themen wurden damals initiiert und werden heute noch durchgeführt. Aus den Sommerkursen an der Technischen Universität in Ilmenau ergaben sich Lehraufträge zur Geschichte der europäischen Philosophie.

Es war ein langwieriger Prozess, der bis heute nicht abgeschlossen ist. Zu meiner Arbeit sind immer neue Tätigkeitsbereiche hinzugekommen. Dabei mussten natürlich auch neue ökonomische Wege beschritten werden. Hierbei kam mir zugute, dass ich im Studium, mehr noch während des Forschungsstudiums gelernt hatte, selbstständig zu arbeiten, die Arbeitszeiten intensiv zu nutzen.

Seit der Wende war Freiberuflichkeit eine Option, mit der ich liebäugelte. Aber verständlicherweise gab es Ängste, Unsicherheiten und fehlende Erfahrungen, die mich zunächst davon abhielten. 1995 entschieden wir uns – denn es war auch meine Frau, die mir zuriet –, den Weg in die berufliche Selbstständigkeit zu versuchen. Es wäre unaufrichtig, würde ich nicht die Ängste der ersten Jahre erwähnen. Wenn damals ein Seminar ausfiel, fragte ich mich, ob dies nun der Anfang vom Ende sei. Heute sieht es anders aus, denn heute freue ich mich, wenn auch mal ein Seminar ausfällt, da ich dadurch Zeit für meine Familie und mich gewinne. Aber wie gesagt, am Anfang war viel Angst. Da hieß es viel Neues zu erlernen, angefangen bei steuerlichen Fragen bis hin zu Honorarverhandlungen. Im gleichen Jahr gründete ich das *institut für philosophie und kulturgeschichte* Bad Berka.

Bei seiner Gründung konnte ich auf mein Netzwerk aufbauen. Das *i.p.k.* ist ein von mir organisierter privatwirtschaftlicher Arbeitszusammenhang von Menschen aus unterschiedlichen Berufs- und Tätigkeitsbereichen, die selbstständig, freiberuflich oder auch Angestellte der unterschiedlichsten Einrichtungen sind. Wir arbeiten bei der Gestaltung von Projekten themenspezifisch zusammen. In dieser Arbeit setzt sich das *i.p.k.* forschend, lehrend und publizistisch mit philosophiehistorischen, philosophischen, ethischen, sozialwissenschaftlichen, pädagogischen, landeskundlichen, ökologischen, historischen, kulturellen und kulturtouristischen Themen auseinander. Dabei wurden zahlreiche und vielfältige Bildungs-, Publikations- und Kulturprojekte erfolgreich realisiert, deren Ziel darin bestand, Jugendliche und Erwachsene mit dem philosophischen Gedankengut, den kulturellen Reichtümern der Geschichte vertraut zu machen und zur philosophischen Auseinandersetzung mit den Fragen der Gegenwart zu befähigen. Bei der Gestaltung unserer Projekte wurden und werden neuartige methodisch-didaktische Wege beschritten, was die Debatte um theoretische Fragen anregend und erlebnisreich macht.

Gleichzeitig geht es dabei um die Befähigung zur philosophischen, ethischen und sozialwissenschaftlichen Diskussion der Probleme der Gegenwart. Darin sehe ich eine Voraussetzung für eine demokratische und an humanistischen Werten orientierten Partizipation an der Gestaltung einer ökologisch, ökonomisch und sozial gerechteren Welt.

Neben den vielen eindeutig philosophischen Themen gibt es mitunter aber auch Arbeitsschwerpunkte, die scheinbar nichts mit Philosophie zu tun haben. Aber nicht das, *was* man macht, sondern *wie* man es macht, sollte zeigen, ob man philosophisch tätig ist.

Eine Zwischenbilanz

Wenn ich heute meine Arbeit betrachte, so bin ich über deren Mannigfaltigkeit besonders froh, reicht sie doch von der traditionellen akademischen Lehrtätigkeit an einer Universität, über Seminare mit Jugendlichen, Vorträge und Weiterbildung für Erwachsene bis zu neuen Lehr-, Lern- und Arbeitsformen, etwa im Rahmen der »Weimarer Sommerkurse«. Ich komme mit sehr unterschiedlichen Menschen zusammen und habe dabei auch sehr unterschiedliche Aufgaben zu erfüllen, von der Organisation und dem Management von Projekten über traditionelle Lehr- und Vortragstätigkeit bis hin zu Recherche- und Forschungstätigkeit. Damit dieses Tun aber auch ökonomisch einträglich ist, bedarf es eines hohen Maßes an Einsatz. Das bedeutet für mich, ein enormes Arbeitspensum zu bewältigen, welches mitunter zwangsläufig der Muße zum Philosophieren im Wege steht. Es gehört zu den Hauptschwierigkeiten, hier eine Balance herzustellen.

Diese Mühen werden aber aufgewogen und reichlich belohnt durch die verschiedenen Aufgabenfelder, den intensiven Kontakt mit Menschen und das Fehlen von Routine. Die einzige Routine besteht darin, immer wieder Neues auszuprobieren. Und schließlich ist es mir unerhört wichtig, selbstbestimmt und unabhängig arbeiten zu können.

Die Frage, ob ich jungen Menschen das Studium der Philosophie empfehlen kann, die mir auch immer wieder gestellt wird, ist nicht so einfach zu beantworten. Wenn das Studium auch toll ist, so sind die Arbeitsmöglichkeiten danach doch nicht so berauschend. Aber ist dies in anderen Studienrichtungen besser? Die Frage entscheidet sich mit den eigenen Lebenszielen. Will man philosophisch tätig sein und ist man bereit, ausgetretene Pfade zu verlassen, dann werden sich Aufgabenfelder finden.

Allerdings bedarf es dazu auch bestimmter Einstellungen. So sind folgende Dinge für mich in meinem Arbeitsfeld ganz wichtig:

- Es bedarf eines weiten Verständnisses von Philosophie. Denn oft kennzeichnet nicht das Was, sondern das Wie einer Tätigkeit dieselbe als eine philosophische. Wird im akademischen Rahmen Philosophie vor allem mit Bücherwissen verbunden, so plädiere ich für die Ergänzung durch »Lebenswissen«.
- Es bedarf einer Offenheit und eines Grundvertrauens anderen Menschen gegenüber und der Freude am sokratischen Gespräch.
- Es bedarf einer großen Neugier und der Lust, Unbekanntes zu versuchen.
- Es bedarf einer enormen Arbeitsdisziplin und der Fähigkeit, in unterschiedlichsten Tätigkeiten die philosophische Dimension zu entdecken und auszugestalten.

Diese Einstellungen und einige andere mehr bringen dann aber auch Lust, Freude und vor allem neue Einsichten. Ich hoffe und wünsche mir für meine Arbeit, Begonnenes fortsetzen und verstetigen zu können. Ich hoffe, Rahmenbedingungen schaffen zu können, um verstärkt in die philosophische Diskussion einzugreifen, die bislang durch die traditionellen Institutionen bestimmt wird. Und ich hoffe, vermehrt spezifische Akzente einzubringen, die sich aus meiner Arbeit ergeben haben. Selbstredend ist es auch erstrebenswert, hier Arbeitsmöglichkeiten für junge Philosophinnen und Philosophen zu schaffen und gemeinsame Projekte zu gestalten.

Allzu oft ist die Philosophie im Elfenbeinturm der Wissenschaft eingesperrt. Mit meinem Tun bemühe ich mich, sie wieder zurück auf den Marktplatz, zu den Menschen zu bringen. Dieser »Markt« erlaubt dann auch, das Leben zu gestalten. Am 1. 8. 2005 wird das *institut für philosophie und kulturgeschichte* sein zehnjähriges Jubiläum begehen. Und es liegen Aufträge vor, die weit über dieses kleine Jubiläum hinausreichen.

Ich bin gespannt auf das, was kommt.

MICHAEL SAHR

Der Börsen-Philosoph

Bericht über eine untypische Karriere und darüber, wie wichtig es ist, auf sein Herz zu hören

Michael Sahr studierte in Tübingen und Amherst/Massachusetts Rhetorik, Philosophie und Kunstgeschichte. Erste Berufserfahrungen sammelte er beim Südwestfunk. Hier lernte er, was es bedeutet, »tagesaktuell« zu berichten und »live auf Sendung« zu gehen. 1996 wechselte er zum ZDF – als Reporter im Landesstudio Baden-Württemberg. Vor seinem Wechsel an die Börse, von der er für das ZDF im »Morgenmagazin« und Mittagsmagazin berichtet, war er Redakteur im Magazin »hallo Deutschland«. Privat ist er leidenschaftlicher Vielleser.

Eine »irre« Geschichte?

Vor einiger Zeit mailte mir eine alte Bekannte aus Studientagen: »Stell Dir vor, die gute, altehrwürdige ZEIT will über Dich berichten!"

Überrascht und etwas verwirrt griff ich zum Hörer.

Sie triumphierte am anderen Ende der Leitung: »Ich habe einer Freundin von Dir erzählt. Ihr Freund macht die »Chancen-Beilage« in der Zeit. Beide finden die Geschichte »irre« und »unglaublich«. Du als Philosoph! Und jetzt Börsenreporter fürs ZDF!«

Aber ist das wirklich so »irre« und »unglaublich«? Warum sollte ein ehemaliger Student der Philosophie nicht an der Börse arbeiten? Jetzt, wo ich darüber nachdenke, glaube ich eine Antwort gefunden zu haben. Was für viele überraschend klingt, war für mich ein Prozess, der sich über Jahre entwickelte. Aber lassen Sie mich der Reihe nach erzählen.

Schulzeit: Bücher, Bilder und André Kostolany

Schon immer war mein Bücherschrank voller Kunst-, Literatur-, und Philosophiebücher. Dafür konnte ich mich begeistern. Hier lag mein Interesse, hier konnte ich die Zeit vergessen, wegträumen, Halt und Bestätigung finden. Meine Neugier in der Schule hingegen galt der Geschichte. Ich spreche jedoch nicht so sehr vom Unterricht, dem Abgefragt werden von Fakten und dem Schreiben geschmeidiger Texte. Vielmehr meine ich die Sache selbst, die Entdeckungsreise in die Vergangenheit bei gleichzeitiger Suche nach Lösungen für die Gegenwart. Das Denken lernen in Bezügen reizte mich. Hier habe ich gelernt: Wer die Vergangenheit nicht kennt, hat oft Schwierigkeiten, die Gegenwart zu verstehen.

Die Hitler-Biografie von Joachim Fest etwa begeisterte mich. Mein Geschichtslehrer schenkte mir das Buch zum Eintritt in die Oberstufe. Damals sahen wir im Unterricht auch den Film zum Buch mit dem Titel »Hitler – Eine Karriere« aus dem Jahre 1977. Wie kraftvoll und klar hat Fest Hitler hier analysiert!

Ich begriff: Was Hitler damals so überzeugend machte, waren nicht seine Argumente, sondern sein »Charisma«. Nicht was er sagte, sondern *wie* er es sagte war eine entscheidende Ursache für seinen schlimmen »Erfolg«. Ich bewunderte Joachim Fest: Da sagt jemand in einfachen Worten etwas Wahres und Kluges. Da kann jemand die Dinge nicht nur gut beobachten, sondern auch in Worte fassen. So etwas wollte ich auch einmal können!

Als Schüler hatte ich viele Interessen: Sport, Reisen, Mädchen, Partys. Gleichzeitig begann ich mich aber auch für Fragen rund ums Thema Wirtschaft und Aktien zu interessieren. Mit zwei Freunden gründete ich einen Aktienklub. Die Idee, solche Aktienklubs zu gründen, war Mitte der Achtziger Jahre neu in Deutschland. Mich reizte es, die Zusammenhänge zwischen Wirtschaft, Geld und Aktienmärkten im Gespräch spielerisch zu lernen. So eine Art Debattierclub in bezug auf Aktien waren wir also. Immer auf der Suche, die Wünsche und Erwartungen der Marktteilnehmer an der Börse zu erkennen und vorauszusehen. Wenn man so will, fühlten wir uns wie Massenpsychologen. Denn nichts anderes ist die Börse: Massenpsychologie.

Wir investierten unser »Vermögen« in Viag-Aktien. Jeder zahlte etwa 400 Mark in den gemeinsam gegründeten Aktienfonds ein. Dann machten wir genau das, was man nicht tun sollte. Wir verkauften während des Aktiencrashs 1987 in Panik und zu Dumpingpreisen. Das war Lehrgeld und gab uns die Erkenntnis, im Ernstfall auch nicht viel klüger als andere zu sein. Aber das Ganze war ja nur ein Spiel. Ich gab nicht auf und wir kauften wenig später Aktien von Mannesmann mit größerem Erfolg. Das Interesse an der Börse führte mich gleich nach dem Abitur auf eine Veranstaltung, auf der auch »Börsenpapst« André Kostolany als Redner auftrat. Im Rückblick hatte ich hier ein für mein späteres Leben äußerst wichtiges Erlebnis.

Nach seinem Vortrag signierte Kostolany noch Bücher. Ich trat an seinen Tisch und sagte: »Entschuldigen Sie die Frage, aber haben Sie eine Ahnung was ich studieren soll, wenn ich vielleicht mal viel Geld an der Börse verdienen will?«

»Was *wollen* Sie denn studieren?« fragte er.

»Keine Ahnung«, antwortete ich. »Vielleicht Jura oder BWL?«

Kostolany war ein kluger Mann. Er schaute mir in die Augen, und nach einer kurzen Pause antwortete er:

»Jura. – Sehr nützlich. Betriebswirtschaftslehre hingegen ist überflüssig. Da lernen sie nur starre Regeln.«

Und dann sagte er den entscheidenden Satz:

»Studieren sie Philosophie und Kunstgeschichte. Da lernen sie zu denken und zu sehen.«

Im Rückblick muss ich schmunzeln, weil ich damals so naiv war. Aber man muss meine Lage sehen: Ich hatte die elfte Klasse hier in Deutschland übersprungen und verbrachte das Jahr an einer High-School in den USA. Jetzt hatte ich das Abitur – und überhaupt keine Ahnung, was ich studieren wollte. Für meine Interessen schien es keinen geeigneten Studiengang zu geben.

Damals fragte ich viele Leute nach ihrer Meinung; warum nicht auch einen Fremden wie Kostolany? – Zumal er mir so fremd gar nicht war. Ich hatte ja seine Bücher gelesen. Kostolany hatte übrigens in den Zwanziger Jahren selbst Philosophie und Kunstgeschichte studiert. Parallel dazu begann er, als Börsenhändler mit Aktien zu spekulieren. Als Multimillionär startete er gut dreißig Jahre später seine zweite Karriere als Finanz-Kolumnist. Seine Bücher wurden Bestseller. Er erzählte über die Börsenwelt in geistreichen Anekdoten und selbst erlebten Geschichten. Sein Schreibstil war klug, witzig und von humanistischem Geist geprägt. Er war frei und unabhängig in seiner Meinung. Das gefiel mir. Kostolany starb vor wenigen Jahren. Er wurde über 90 Jahre alt.

André Kostolany hatte mir also mein späteres Studium »vorausgesagt«. Damals habe ich das nicht begriffen. Statt auf mein Herz zu hören, hörte ich auf die Vernunft. – Mehr auf seine innere Stimme als auf vermeintlich äußere Zwänge zu hören ist offenbar ein Lernprozess, der Zeit und Erfahrung braucht.

Der konventionelle Weg

So machte ich zuerst eine Ausbildung zum Offizier der Reserve – eine gute Erfahrung, denn so kam ich erstmals mit der Berufswelt in Kontakt.

Dann ging ich den klassischen Studienweg, um später einen Beruf in der Wirtschaft ergreifen zu können. Ich studierte Wirtschaftswissenschaften an der Hochschule St. Gallen. (Ganz gegen Kostolanys Rat!!!)

Doch, was soll ich sagen. Nach wenigen Tagen bereits merkte ich, dass da etwas nicht passte. Ich war unglücklich und voller Rebellion gegen das, was ich zu lernen hatte. Obwohl ich mich doch grundsätzlich sehr für das Thema interessierte. Aber der streng wirtschaftswissenschaftliche Zugang verursachte heftigen Widerstand in mir. Ich dachte oft schon beim ersten Satz in der Vorlesung: »Hey, ihr marschiert in die falsche Richtung! Ein Mensch ist doch kein zweckrational handelnder homo oeconomicus! Lest Stefan Zweig oder Seneca, hört Mozart oder Beethoven, betrachtet die Bilder von Picasso oder Marc Chagall. Da merkt man doch, wie Menschen fühlen und denken! Vergesst die Lehrbücher der Wirtschaftswissenschaften mit ihren starren Regeln!« – Das waren meine Gedanken damals – sie sind es bis heute!

Ein Freund merkte meine schlechte Laune. Um mich auf andere Gedanken zu bringen, überredete er mich, mit ins südenglische Bristol zu fahren. Wir nahmen an einem studentischen Rollenspiel »Model United Nations« teil. Jeder von uns hatte ein Land zu vertreten. Ich fand das permanente Rollenspiel, das Verhandeln und »Führungskompetenz-Üben« langweilig, die Stadt mit ihren vielen Cafes und ihren gemütlichen Wohnhäusern hingegen wunderschön.

Mit einem lebenslustigen Engländer schloss ich Bekanntschaft. Er studierte Geschichte. »Was willst Du damit werden?« fragte ich.

Er sah mich etwas überrascht an. »Banker in der Londoner City« – ein unausgesprochenes »das ist hier in England doch nichts Besonderes« schwang mit in seiner Antwort.

Heute weiß ich das. Viele Analysten aus England, die ich in Frankfurt interviewe, haben Literatur, Geschichte oder Philosophie studiert. Engländer geben viel auf ihre Vergangenheit. Damals aber war ich wie vor den Kopf geschlagen. »Führen also doch verschiedene Wege in die Wirtschaft?«, fragte ich mich.

Zurück aus England stand mein Entschluss endgültig fest: Ich wollte weg aus St. Gallen und mir ein Studienfach suchen, in dem ich den Dingen, die mich interessierten, besser nachgehen konnte.

Ich verließ St. Gallen nach nur einem Semester. Auf die Hochschule halte ich noch immer hohe Stücke. Mich faszinieren die guten Lernbedingungen und die Infrastruktur. Aber der Studieninhalt passte nicht zu meinen Interessen. Da half nichts. Ich musste wechseln. – Diesmal hörte ich mehr auf mein Herz als auf meinen Verstand.

Das etwas andere Studium: Rhetorik, Philosophie, Kunstgeschichte

So ging ich nach Tübingen und tauschte die vermeintliche berufliche Sicherheit eines Wirtschaftsstudiums in der Schweiz gegen die berufliche Unsicherheit eines Magister-Studiengangs in Deutschland. Ich begann, Rhetorik, Philosophie und Kunstgeschichte zu studieren. Nicht ohne mein Ziel aus den Augen zu verlieren: in die Wirtschaft gehen zu wollen.

Ich fühlte mich wohl in Tübingen. Der Erwartungsdruck von außen ließ nach. Die Prüfungsordnung war lockerer als in St. Gallen. Endlich hatte ich die Freiräume, die ich wollte, und konnte den Dingen nachgehen, die mich interessierten. Ich konnte lesen, was ich wollte. Und ich bestimmte das Tempo. Was für ein Studentenleben!

Es gab auch Widerstände. Das größte Unverständnis über meine Studienentscheidung herrschte im Bekanntenkreis meiner Eltern. Kunstgeschichte etwa war nur etwas »für höhere Töchter«. Mit Philosophie konnte niemand etwas anfangen. »Damit kann man doch kein Geld verdienen«, war die einhellige Meinung.

Mein Vater hingegen unterstützte mich. Er war Geschäftsführer eines Maschinenbauunternehmens. Er sagte: „Wenn Du in der Wirtschaft etwas werden willst, studiere Philosophie. Da lernst Du selbstständiges Denken. Solche Leute braucht man da."

Ich selbst nahm all dies wahr, konzentrierte mich aber mehr auf das, was meine innere Stimme sagte, und das war eindeutig: Trotz aller Unabwägbarkeiten machte die ganze Sache Sinn, denn die Studieninhalte interessierten mich und machten mir Spaß. – Und das war das Entscheidende. Ich war jetzt auf dem richtigen Weg – in einen Beruf würde es schon münden. Da war ich zuversichtlich.

Rhetorik war (und ist immer noch) ein altphilologisch ausgerichteter Studiengang. Die Lektüre der Klassiker wie Aristoteles, Cicero und Quintilian stand im Vordergrund. Darüber hinaus gab es viele Seminare, in denen versucht wurde, das Wissen möglichst praxisnah anzuwenden. Wegen dieser Praxisnähe wurde die Rhetorik von vielen als die »BWL der Geisteswissenschaften« belächelt. Die Praxisnähe führte dazu, dass bereits während des Studiums viele Kommilitonen als Rhetoriktrainer, Journalisten oder Verlagsmitarbeiter arbeiteten. Ich fand diese geschäftige Studienatmosphäre sehr inspirierend.

Die Vorlesungen in Kunstgeschichte hingegen blieben sehr theoretisch und boten wenig Praxisbezug. Die Exkursionen sind das, was mir in Erinnerung bleibt. Vor allem die Reisen in die italienischen Städte Florenz, Siena, Rom. Das war lebendig und wunderbar.

Nun aber zum Philosophie-Studium: Es klingt vielleicht kitschig, aber ich war und bin unendlich dankbar dafür, dieses Studienfach belegt zu haben. Die »Lebensphilosophie« hat mich besonders interessiert. »Was macht ein Leben zum guten Leben?« Das war für mich die Frage aller Fragen. Vor allem in der Ethik von Aristoteles fand ich viel Kluges. Aber auch bei Seneca, Marc Aurel, Immanuel Kant oder Karl Popper. Marc Aurel schrieb vor bald zweitausend Jahren über das Leben:

»Dieses Winzige der Zeit also naturgemäß durchwandern und heiter enden, als fiele die Olive reif geworden herab, preisend den Boden, der sie trug und Dank wissend dem Baum, der sie wachsen ließ.«

Ist das nicht wunderschön? Welche Kraft steckt in solchen Sätzen! Die tragen einen doch locker durchs Leben! Mir helfen sie, vieles klar aber auch gelassen zu sehen. Und die Erkenntnis von Marc Aurel fasziniert Menschen noch heute. Da muss also etwas »Wahres« dran sein!

Neben diesen »Praxisregeln für den Alltag« begeisterten mich die Seminare über Aristoteles und Immanuel Kant, von denen ich gar nicht genug bekommen konnte. Es war faszinierend, diese beiden Denker dabei zu verfolgen, wie sie die Dinge analysierten. Bei Aristoteles beispielsweise war es das »gute Leben« in der »Nikomachischen Ethik«, bei Kant waren es die Analysen des Erhabenen und Schönen in der »Kritik der Urteilskraft«. Denken Sie etwa nur daran, wie Kant hier die verschiedenen

Künste voneinander abgrenzt und in Bezug zueinander setzt! Dabei waren sich beide Denker ihrer schwachen Ausgangsposition voll bewusst. Begriffe und Dinge lassen sich nicht in Schubladen zwängen. Und trotzdem versuchen sie, die Dinge so weit wie möglich zu definieren, voneinander abzugrenzen und in ein geschlossenes Gedankensystem zu bringen. Die Welt in ihrer Komplexität zu erkennen und zu versuchen, sie zu strukturieren und in eine Ordnung zu bringen, ohne daran zu verzweifeln: Hut ab vor dieser Leistung!

Trotz aller Liebe zum Studium: Ich beschloss, es zügig durchzuziehen. Ich studierte insgesamt fünf Jahre. Vier davon in Tübingen und eines in Amherst/Massachusetts. In den USA studierte ich »Communication Sciences«, was dem Studium der Rhetorik in Tübingen entspricht. Für mich war das Jahr wertvoll, weil ich quasi von außen auf mein Leben in Deutschland schauen konnte.

Fünf Jahre Studium – das reichte. Viel länger zu studieren hätte die Sache nicht viel besser gemacht. Die Grundgedanken wiederholten sich irgendwann. Dann lieber mit 60 Jahren noch einmal in die Vorlesungen, dachte ich, und wieder von Neuem anfangen zu staunen. Hieraus eine allgemeine Regel abzuleiten wäre sicherlich falsch. Wie lange man studiert, sollte jeder für sich herausfinden. Aber: Wenn sich die Dinge anfangen zu wiederholen, ist es an der Zeit, das Studium zu einem Abschluss zu bringen.

Zum Thema Magistertitel und Studienabschluss will ich an dieser Stelle noch etwas bemerken: Einen Abschluss zu haben ist sicher wichtig. Man wird öfter gefragt, was man studiert habe, und es ist blöd, wenn man erst umständlich erklären muss, dass man das Studium nicht zu Ende gebracht hat. Aber: Nach meinem akademischen Titel, dem Thema meiner Magister-Arbeit oder meiner Abschluss-Note hat seit dem Ende meines Studiums niemand mehr gefragt.

Der Übergang zum Beruf: Arbeiten und Begeisterungsfähigkeit

Zwei Dinge scheinen mir für diesen Bericht über meinen Berufseinstieg wichtig. Zuerst: Ich habe während des Studiums viel jenseits der Uni-Mauern gearbeitet. Im zweiten Semester packte mich die Arbeitslust. Die Studienordnung in Tübingen bot die nötigen Freiräume, aber natürlich wollte ich auch etwas Geld verdienen. Vor allem aber wollte ich eine praktische Ergänzung zum Studium schaffen.

Ich arbeitete zunächst als Weinverkäufer, dann als Praktikant bei einer Unternehmensberatung und schließlich als Reporter, zunächst für den Hörfunk und ein Jahr später auch für die Lokalzeitung. Für den damaligen »Südwestfunk« und das »Schwäbische Tagblatt« machte ich nach entsprechenden Praktika Berichte über Land und Leute, »bezahlte Heimatkunde«, wie ich das nannte. Ich konnte als »freier Mitarbeiter« nach Lust und Laune und gegen Einzel-Honorar arbeiten. Das Studium ging vor. Die Arbeit aber machte Spaß und brachte Geld.

Ich kaufte mir ein kleines Auto, hielt Schwarzwaldbauern das Mikrofon unter die Nase und ließ sie begeistert von »damals« erzählen. Ich schaute und schrieb erst dann die erste Zeile, wenn sich bei Jubilarfeiern eisenharte IG-Metaller mit Tränen in den Augen für den Blumenstrauß in ihren Händen bedankten – Blumen als Dankeschön für sieben Jahrzehnte Mitgliedschaft! Das waren die Momente, nach denen ich suchte, und zugleich war es der Einstieg in »meine« Geschichte.

Vielleicht spüren Sie als Leser die Begeisterung, die mich noch heute beim Erzählen über diese Zeit packt. Und das ist der zweite Punkt. Ein Studienfreund hat mich kürzlich darauf gebracht.

»Was wir machten, machten wir immer mit echter Begeisterung«, sagte er. Er nickte. Ich nickte. Da war etwas dran.

Ich hatte immer meine Geschichten von interessanten Leuten zu erzählen und war begeistert, wenn es mir gelang, eine gute Reportage zu schreiben. Er konnte sich als Theologiestudent seltsamerweise für Verkehrspläne begeistern und setzte sich aktiv im Gemeinderat für einen besseren Schulbusverkehr ein. – Inzwischen ist er Vorstandsassistent einer zum Vivendi-Konzern gehörenden Verkehrsgruppe.

Zwei Jahre arbeitete ich also als Reporter bei Zeitung und Hörfunk. Dann bekam ich über ein Praxisseminar in Rhetorik die Möglichkeit, einen Fernsehbeitrag für den Fernsehsender 3sat zu machen. Das Seminar hieß »Literatur und Fernsehen«. Ein Literaturredakteur des ZDF brachte uns das Einmaleins der Kulturberichterstattung bei. Zwei Kommilitonen und ich wollten ein Tübinger »Improvisations-Theater« für das Fernsehen porträtieren. Die Idee des Improvisations-Theaters war damals neu in Deutschland. Schauspieler mussten aus Vorgaben des Publikums spontan eine lustige Theaterszene spielen.

Aus meiner Hörfunk- und Zeitungszeit wusste ich, wie man Themen »verkauft«. So schrieb ich einen Themenvorschlag, kompakt in fünf Zeilen. – Es klappte. Der Vorschlag wurde angenommen. Unter der Obhut des Seminarleiters drehten wir bei einer Vorstellung und stellten anschließend einen fünfminütigen Beitrag fertig.

»Ob ich ihn sprechen darf?«, fragte ich, als es an die Sprachaufnahme ging. Im Hörfunk sprach ich ja auch meine Beiträge selbst. Ein »Wir wollen mal sehen« folgte. Ich übte den Text zwei Stunden lang. Ich kann mich noch an den Raum erinnern, in dem ich saß. Klein, mit Fenster und Fernseher vor mir. Sonst nichts. Mein Lampenfieber vielleicht noch.

Ich bekam die Chance und die Sprachaufnahme klappte beim ersten Anlauf. Um mir etwas Gutes zu tun, sprach der Kulturredakteur anschließend beim Studioleiter vor. Ob ich Lust hätte, ein Praktikum zu machen, fragte der Studioleiter. »Klar« antwortete ich und nannte ihm zwei konkrete Zeiträume noch im selben Jahr. Geld jedoch gab es keines, und die Themen musste ich mir auch selbst suchen. – »Lehrjahre sind keine Herrenjahre« kommentierte meine Großmutter, als ich ihr davon erzählte.

Das Praktikum lief gut. Ich konnte frei und selbstständig arbeiten, machte sogar zwei Fernsehbeiträge für LOGO, das Nachrichtenmagazin für Kinder im ZDF. Meine Erfahrung aus der Zeitungs- und Hörfunkzeit kam nun voll zum Tragen. Ich konnte Termine koordinieren, war zeitbewusst, konnte selbstständig texten und die etwa zweiminütigen Fernsehberichte auch selbst sprechen. »So einen kann man auf Dreh schicken!« sagten die Kollegen. Ich bemühte mich um Anregungen von ihnen und profitierte vom professionellen Arbeitsumfeld.

Nach dem Praktikum konnte ich weitere Beiträge für das ZDF machen. Vor allem bunte Beiträge mit leichter Handschrift waren es, die ich anbot. Darüber hinaus machte ich viele Wochenend-Dienste, denn da wollten die Redakteure gerne bei ihren Familien sein. Das war meine Chance, »ins Programm zu kommen«. So kam es, dass ich meinen ersten Bericht für die Hauptnachrichten-Sendung um 19 Uhr machte, als ich noch studierte und gerade mal 25 Jahre alt war. Drei Jahre später, als das Studium fertig war, konnte ich beim ZDF in Stuttgart weiter arbeiten. Kurze Zeit später folgte ein Angebot aus Mainz. Eine Stelle war dort freigeworden. Steffen Seibert, damals Chef des Boulevardmagazins »hallo Deutschland«, holte mich »in die Zentrale« als Redakteur und Reporter. Zwei Jahre später dann, im Herbst 2000, folgte der Wechsel an die Börse nach Frankfurt.

So fand ich also meinen Berufseinstieg. Übers Arbeiten und Ausprobieren. Über Flexibilität und Begeisterung für die Sache. Und über allem schwebte, und schwebt immer noch, die Philosophie.

Vom Nutzen des Philosophie-Studiums

Nun arbeite ich also nicht nur *beim* Fernsehen, sondern auch *im* Fernsehen. Oft werde ich darauf angesprochen.
»Du hast aber Karriere gemacht!« sagen viele anerkennend.
»Das stimmt«, antworte ich meist »denn ich habe meine Frau geheiratet«.
Vielleicht merkt man den Philosophen hier. Es gibt viele Dinge, die es im Leben zu tun gibt. Nicht nur die Arbeit.

Dank des Philosophiestudiums fühle ich mich bestätigt: Ein gutes Leben zu führen ist das große Ziel. Ein gutes Berufsleben zu gestalten ist ein Teil davon. Nicht weniger, aber auch nicht mehr. Das Berufsleben ist eine Etappe. Eine Stufe. Ein Projekt von vielen.

Ich glaube, das sehen viele Nicht-Philosophen enger. Daraus resultiert eine gewisse Verbissenheit. Sie haben vielleicht nicht ihren Marc Aurel, ihren Aristoteles oder ihren Seneca gelesen. Da steht bei Aristoteles, dass glückselig diejenigen sind »*die, mit äußeren Gütern mäßig bedacht, die ... schönsten Taten verrichtet und besonnen gelebt*« haben.

Aus diesen Aristoteles-Worten leite ich noch etwas Wichtiges für mich ab: Das Berufsleben will gut gemacht sein. Aber nicht um der äußeren Anerkennung, sondern um der *Selbstzufriedenheit* willen.

Ich arbeite gerne und viel. Ich will Geld verdienen und gut sein im Job. Vor allem aber will ich gut sein vor mir selbst und vor meinen Philosophen-Freunden aus über zweitausend Jahren. Dann erst bin ich zufrieden.

Für dieses Ziel zu leben habe ich im Philosophiestudium gelernt. Die Philosophen haben es mich gelehrt. Hier liegt für mich auch der große Gewinn aus meiner Studienzeit. Diese Erkenntnis auf die Frage: »Was ist eigentlich wichtig im Leben?«. Das macht mich unabhängig vom Urteil anderer. Ich bin durch das Studium ein freier Mensch geworden.

Ich lernte also mit Aristoteles & Co. »philosophische Freunde« aus verschiedensten Zeiten kennen. Mit ihnen kann ich reden, streiten und die Tauglichkeit ihrer Aussagen im eigenen Alltag überprüfen. Neben diesen

»Lebens-Rezepten« lehrte mich das Philosophie-Studium aber auch, auf eine bestimmte Art und Weise zu denken. Im Beruf ist vor allem die Fähigkeit von Nutzen, in historischen Kategorien denken zu können. »Fernsehen«, »Betriebswirtschaftslehre« oder von mir aus auch »Fußball-Star« definierte sich vor 30 Jahren noch ganz anders als heute. Für uns Philosophen ist diese Zeit- und Ortsgebundenheit, diese permanente Angreifbarkeit von Definitionen nichts Neues. Die Dinge und Begriffe in ihrem »Sein« zu hinterfragen und sie den zeitlichen Gegebenheiten ständig neu anzupassen ist für uns selbstverständlich.

Für andere hingegen sind solche Gedanken neu. Definitionen sind für die meisten starre Vorgaben, nicht zu hinterfragende »Wahrheiten« – gerade dieses Wissen um die Relativität der Dinge, um ihren stetigen Wandel nutzt Philosophen im Berufsalltag. Es fördert die Toleranz, das flexible Denken und nicht zuletzt die Gelassenheit. Man wird weniger engstirnig, vielleicht sogar kreativer im Finden von Lösungen. Ich merke, dass Kollegen diese Fähigkeit des »In-Frage-Stellen-Könnens« von scheinbaren Selbstverständlichkeiten schätzen, weil sie Sachdiskussionen meist inhaltlich voran bringt.

Ein weiterer Vorteil, hiermit eng verbunden, ist, dass philosophisch Geschulte nicht so sehr am starren »Schubladen-Denken« festhalten. Sie akzeptieren den Wandel, weil sie gesehen haben, dass es nie anders war. Jede Zeit, jeder Fortschritt, aber auch jeder Rückschritt bringt Wandel mit sich. Das Philosophie-Studium lehrt nun genau diese Fähigkeit, den Wandel nicht nur zu erkennen, sondern darüber hinaus ihn auch in eine Struktur zu bringen und einzuordnen. Die Welt in ihrer Komplexität zu strukturieren ist ja wichtige Aufgabe der Philosophie. Denken Sie an Aristoteles und Immanuel Kant.

Das Studium nutzte mir beruflich aber auch in einer weiteren Hinsicht. Als Journalist ist es wichtig, Meinungen nicht nur wiederzugeben sondern auch zu beurteilen. Hier genau unterscheiden zu können zwischen fremder Meinung und eigener Beurteilung gehört zum A und O eines guten Journalisten. Bereits das Philosophiestudium lehrte und übte mich in diesem Denken.

Peter Littmann habe ich einmal interviewt, als er noch Vorstandsvorsitzender beim Modekonzern HUGO BOSS war. Ob man als Philosoph in der Wirtschaft etwas werden kann, wollte ich von ihm wissen.

»Natürlich!« hat er daraufhin geantwortet. »Entscheidend ist doch, was für ein Mensch als Ganzes vor einem sitzt. Die Persönlichkeit als Einheit zählt.«

Auch wenn es ein wenig pathetisch klingen mag: Mir half das Philosophiestudium auf dem Weg, eine Persönlichkeit als Ganzes zu werden. Das wurde mir während des Interviews damals klar. – Bleibt nachzutragen, dass Peter Littmann selbst neben BWL auch Philosophie studiert hat. – Sie sehen, man kann als Philosoph auch Vorstandsvorsitzender eines Modekonzerns werden.

Zum guten Schluss

Ein guter Philosoph sollte sich am ehesten im konkreten Tun zeigen. Er sollte sich zu erkennen geben, indem er die Dinge kritisch, mit Herz und Verstand und ohne Voreingenommenheit angeht. Und vor allem ist er sich die Relativität der Dinge bewusst. – Studenten sollten sich diese Vorteile des Studiums klar vor Augen halten. Und dadurch auch entsprechend selbstbewusst auftreten.

Natürlich, man kann als Philosoph nicht als Chirurg oder Staatsanwalt arbeiten. Viele Berufe sind für Philosophen nicht zugänglich. Jegliche Überheblichkeit wäre also fehl am Platze. Aber ich bin überzeugt: In einer arbeitsteiligen Dienstleistungsgesellschaft stehen Philosophen weit mehr Berufsfelder offen, als sie glauben. Es ist in erster Linie eine Frage der inneren Bereitschaft und Begeisterungsfähigkeit. Und eben auch der konkreten Arbeitserfahrung, die man parallel zum Studium gesammelt hat.

Philosophie sollte man leben. Nicht so sehr darüber reden. Ich lese Philosophen, um ein gutes Leben zu führen. Nicht um in irgendeinem speakers corner auf einer Bananenkiste zu stehen und kluge Ratschläge zu geben. Deshalb höre ich jetzt auf und halte Sie nicht länger vom Nachdenken und anschließenden Handeln ab.

Hierzu wünsche ich Ihnen Hartnäckigkeit und Durchhaltevermögen, vor allem aber: Freude und Erfolg. »Carpe diem«, empfahl Horaz, – freue dich an der Gegenwart und nütze den Tag!

KIRSTEN VOLLMER

Der Weg ist das Ziel

Oder: Viele Wege führen nach Rom – oder wohin auch immer...

Kirsten Vollmer, geboren 1962 in Berlin, verheiratet, 2 Kinder. Nach dem Abitur Studium der Politischen Wissenschaften, Philosophie und Germanistik an der Universität Bonn. Nach Aushilfstätigkeiten beim Deutschen Industrie- und Handelskammertag (DIHK) wurde sie Referentin im Presse- und Informationsamt der Bundesregierung. Unterbrechung der Berufstätigkeit wegen der Geburt der beiden Kinder Tim und Tara, anschließend Rückkehr ins Bundespresseamt. Kirsten Vollmer ist seit 1999 wissenschaftliche Mitarbeiterin im Bundesinstitut für Berufsbildung (BIBB).

Um es gleich vorwegzunehmen: Ja, stünde ich nach dem Abitur noch einmal vor der Frage, was nun anfangen – Ausbildung, Studium, welche Richtung einschlagen – ich würde, ohne zu zögern, wieder Philosophie wählen, und wieder im Zusammenspiel mit Germanistik und Politischen Wissenschaften.

Nicht, weil anderes nicht auch reizvoll und vielversprechend ist, sondern wohl eher, weil diese drei Gebiete für mich genau das Richtige gewesen und geblieben sind. Nicht nur als Studienfächer, sondern von Anfang an auch weit darüber hinaus als etwas, das fraglos zu meinem Leben dazugehört wie für andere vielleicht Kunst, Juristerei, Handwerk oder Tüfteln am PC.

Ich entdeckte die Philosophie – oder ent-deckte sie mich? Schul- und Studienjahre

Wie alles anfing? Wahrscheinlich wie bei jedem Erwachsenwerden: mit Fragen, die man sich stellt und Antworten, die man sucht, mit dem Aufbrechen von Selbstverständlichkeiten und der Auflösung von Gewissheiten, mit der Suche nach Sinn und Orientierung.

Schließlich ein Grundkurs Philosophie in der gymnasialen Oberstufe, angeboten von einem begnadeten, alles andere als blutjungen Lehrer, dem die (irritierenden) Fragen immer noch wichtiger waren als die (elegant daherkommenden, scheinbar alles ordnenden) Antworten, der den platonischen Dialog als Unterrichtsform verstand und mich mit seiner ungebrochenen Leidenschaft für die Philosophie ansteckte. Nach der mündlichen Abiturprüfung in Philosophie (auch so etwas gibt es: kein nervöses ›Auf-dem-Stuhl-Herumrutschen-und-verstohlen-auf-die-Uhr-gucken‹, sondern fast schon Bedauern, dass die Zeit abgelaufen, eben kein Abprüfen, sondern ein spannender Diskurs) war klar: Philosophie, Germanistik und Politische Wissenschaften, das sollte es sein.

Wie sehr sich diese drei Studienfächer ergänzen und gegenseitig befruchten, wurde mir so richtig erst im Laufe des Studiums deutlich. Nicht nur beispielsweise bei Schillers Ästhetischen Schriften oder den Werken der Romantik: Wie oft saß ich in Seminaren und Vorlesungen der Germanistik und profitierte von »Mitgebrachtem« aus der Philosophie, wie oft berührten und überschnitten sich Themen und Inhalte der Veranstaltungen des Philosophischen Seminars mit denen der Politischen Wissenschaften.

Und es war weit mehr als »profitieren": Manchmal machte sich für Augenblicke das feine Netzwerk bemerkbar, das sich im Kopf aus den Fragen und Erkenntnissen der drei »Fächer« zu bilden begonnen hatte, und das waren dann zugleich die Momente, die eine Ahnung davon aufkommen ließen, was Universität ausmacht, ausmachen kann, was Philosophie als Anregung und fächerübergreifender Bogen für die Einzelwissenschaften bedeuten kann und was sie jenseits alles angestrengten Bemühens um konstruierte »Leitwissenschaften« zu leisten vermag.

Die Freude daran blieb und überdauerte Gott sei Dank auch wohl unvermeidliche Durststrecken.

Habe ich Studienschwerpunkte gewählt oder ergaben sie sich durch banale zeitlich-organisatorische Zwänge, Vorlieben und Abneigungen für einzelne Lehrpersonen, Zufälle welcher Art auch immer?

Manches ergab sich in der Tat aus der Notwendigkeit, die Auswahl mit der aus den anderen beiden Fächern abzustimmen und einen Stundenplan zu erstellen, oder dadurch, dass es Professoren gab, die jedes Thema entweder ansprechend oder langweilig zu gestalten vermochten, die Grunderfahrung jedes Schülers in jeder Lehranstalt eben.

Davon abgesehen, die Philosophie der Antike, insbesondere Platon, Erkenntnistheorie und Logik als Disziplinen und nicht zuletzt der große alte

Mann aus Königsberg, dessen »Kritiken« mich bis heute faszinieren, haben mich besonders interessiert und beschäftigt.

Weit von jedem systematischen Vorgehen entfernt, habe ich aber vor allem den Luxus genossen, aus dem reichhaltigen Angebot eines hervorragenden Philosophischen Seminars wie dem der Bonner Universität planlos und somit im wahrsten Sinne nach Herzenslust auswählen zu dürfen und, angeregt durch die Lehrveranstaltungen und Gespräche mit Kommilitonen, aber nicht zuletzt auch durch Ereignisse und Begebenheiten meines außeruniversitären Lebens, zu lesen, was mir in die Hände fiel – beziehungsweise von dem einen oder anderen hineingelegt wurde.

Ohnehin: Wer vermag zu sagen, wo das eigentliche geisteswissenschaftliche Studium anfängt und das »sonstige« Leben beginnt, ist es doch gerade das Ineinanderfließen von beidem, der permanente Austausch zwischen beiden Welten, die das Besondere eines entsprechenden Studienweges ausmachen. Jedenfalls habe ich es so erlebt.

Aus der Uni in den Beruf – aber wohin?

Gerade deshalb oder trotzdem entwickelte sich – relativ früh – der Wunsch, Examen zu machen, das Unileben zu beenden. Nicht aus Überdruss oder Frust, sondern eher aufgrund einer unbestimmten, zum damaligen Zeitpunkt wenig reflektierten ungeduldigen Neugierde auf von anderen Umständen geprägte Lebensabschnitte.

Hinzu kam: Je länger und je mehr ich es mit Philosophie und Germanistik zu tun bekam, desto deutlicher wurde die Weite und Tiefe des Feldes, auf das ich mich eingelassen hatte, umso unmissverständlicher die Einsicht, dass ein Studienabschluss nur ein Schritt auf (m)einem Weg sein, aber keineswegs etwas auch nur annähernd Abschließendes bedeuten könnte.

Damit verlor das Examen als Gradmesser für Erkenntnisgewinn und Bildung an Stellenwert und rückte stattdessen als notwendig zu erwerbende Eintrittskarte in eine neue Lebensphase ins Blickfeld.

Von Berufstätigkeit versprach ich mir Unabhängigkeit, nicht nur finanzielle, und ich war neugierig auf diese Welt, die ich bisher nur aus allerlei Aushilfsjobs in den Semesterferien kannte.

Doch kein potenzieller Arbeitgeber wartete auf mich, 1986, als man mit Akademikern meiner und verwandter Fachrichtungen die Straßen pflastern konnte, auf denen viele von uns bereits seit Jahren Taxi fuhren und dabei längst die Vorstellung begraben hatten, eine ihrem Studium auch nur halbwegs entsprechende Tätigkeit bzw. Anstellung zu finden.

Diejenigen, die eine klare Berufsvorstellung hatten, etwa in den Journalismus oder das Verlagswesen drängten, waren zum Teil klug genug gewesen, dieses Ziel schon während ihres Studiums beharrlich anzustreben, Praktika zu absolvieren, Kontakte aufzubauen, Einstiege hinzukriegen.

Auch ich hatte zu Beginn meines Studiums im Journalismus geschnuppert, bei einer Regionalzeitung und auch ein wenig darüber hinaus, aber der Funken sprang nicht über. Jedenfalls keiner, der mir ausreichend tragfähig erschien, um ein solch interessantes, aber auch jede Menge Enthusiasmus und Herzblut erforderndes Berufsfeld überzeugend anzustreben.

Meine vielen Aushilfstätigkeiten in verschiedenen Abteilungen des Deutschen Industrie- und Handelskammertages (DIHK) hatten Geld für Reisen und anderes und oft auch Spaß gebracht, aber keine beruflichen Perspektiven aufgezeigt (was übrigens auch nicht beabsichtigt war).

Ja, im Rückblick erstaunt schon die Blauäugigkeit, mit der ich Überlegungen bezüglich meiner beruflichen Zukunft während meines Studiums mehr oder weniger vollständig ausblendete – trotz des Wissens um die Situation auf dem Arbeitsmarkt. Auch all die Warnungen von Nachbarn, Bekannten, Freunden und deren unverhohlenes Unverständnis über meine Entscheidung, ausgerechnet diese brotlosen Fächer zu studieren, hatte ich wohl wahr-, aber doch nicht ernst genommen.

Oder genauer: Ich war wohl, ohne das je bewusst und nachdrücklich für mich geklärt zu haben, sicher, nur dort einigermaßen gut – und vor allem auch glücklich – sein zu können, wo mich etwas wirklich anspricht, interessiert, Freude bereitet. Informatik, damals als aussichtsreiche Berufsperspektive im ersten Rang, war das für mich ebenso wenig wie andere Disziplinen, deren Berufsaussichten günstig schienen oder dazu erklärt wurden.

So stand ich nun da – mit meinem Magisterabschluss in überschwemmten Fächern, ohne klare Berufsvorstellung – und startete meinen ganz persönlichen Bewerbungsmarathon.

Da es kaum Stellenausschreibungen für Kandidatinnen wie mich gab, verfasste ich jede Menge Initiativbewerbungen an alle möglichen Institute, Behörden, Verbände und sonstigen Einrichtungen und durchforstete regelmäßig die Regionalzeitungen (zugegeben, ich war aus persönlichen Gründen auch wenig zu einem Ortswechsel geneigt, nicht gerade empfehlenswert für eine Berufsanfängerin auf Arbeitssuche). Währenddessen jobbte ich weiter beim DIHK.

Schließlich stieß ich dann auf eine Stellenausschreibung für eine Sachbearbeiterin in der Auslandsabteilung des damals noch in Bonn ansässigen Presse- und Informationsamtes der Bundesregierung. Deren Qualifikationsprofil war zwar nicht auf Hochschulabsolventen zugeschnitten, aber das Anforderungsprofil ließ eine Bewerbung meinerseits zumindest nicht abwegig erscheinen, und die Aufgabenbeschreibung erschien mir reizvoll. Vor allem aber: Das Bundespresseamt als Institution interessierte mich, weil ich annahm, dort sowohl mein Interesse an politischen Strukturen, Prozessen und Einflussfaktoren als auch am weiten bunten Feld der Presse- und Öffentlichkeitsarbeit einbringen und befriedigen zu können.

Ich hatte Glück und wurde eingestellt.

Welche Rolle meine Abschlussnote bei dieser Entscheidung gespielt hat, vermag ich nicht einzuschätzen. Ein Abschluss unterhalb des Prädikats »gut« wäre angesichts der Bewerberlage aber wohl eher hinderlich gewesen. Wie ich später erfuhr, sprachen für mich die Zügigkeit, mit der ich mein Studium absolviert hatte und mein damit verbundenes jugendliches Alter, aber auch das Abschneiden beim Auswahlverfahren mit Fragen zu politischen und allgemeinen Themen, Gruppendiskussion und englischsprachigem Interview.

Geschafft, die erste Stelle – Berufsstart

Die ausgeschriebene Sachbearbeiterposition allerdings wurde mit einer hausinternen Bewerberin besetzt – ich begann als Lektorin im Nordamerikareferat. Meine Aufgabe bestand in der Lektüre, Auswertung, Übersetzung und Analyse nordamerikanischer Medien, vorrangig der maßgeblichen überregionalen Presse.

Die Arbeit machte mir viel Spaß. Ins ungelernte und ungewohnte Übersetzen musste ich mich einfinden, wobei nicht allzu weit zurückliegende Englisch-Leistungskurs-Kenntnisse und eine Vorliebe für die englische Sprache halfen.

Die Auseinandersetzung mit den Interpretationen deutscher und internationaler politischer Ereignisse aus Sicht amerikanischer Kommentatoren unterschiedlichster politischer Couleur war anregend, die Zusammenarbeit mit Kollegen verschiedenster beruflicher Werdegänge und Temperamente nicht immer konfliktfrei, aber doch insgesamt erfrischend und spannend.

Mitarbeiter der Bundesverwaltung sind zur Fortbildung aufgefordert. Ihnen stehen insbesondere die Lehrveranstaltungen der Bundesakademie für Öffentliche Verwaltung offen. Die Teilnahme an bestimmten Seminaren beantragt man auf dem so genannten Dienstweg, d. h. über die Vorgesetzten bei der jeweiligen Personalverwaltung. Sie ist für den Teilnehmer kostenfrei und findet in der Regel im Rahmen der üblichen Dienstzeit statt. Im Angebot sind auch »Bonbons«, besonders begehrte Seminare, die nicht zuletzt deshalb attraktiv sind, weil sie nicht auf eng begrenzte Aufgabenstellungen zugeschnitten sind, sondern aufschlussreiche Blicke über den Tellerrand ermöglichen: Fortbildungen etwa zum Regierungs- und Verwaltungssystem anderer Länder oder der Arbeitsweise der Europäischen Union, die mit mehrtägigen Aufenthalten in den entsprechenden Hauptstädten verbunden sind.

Ich hatte es mit meinem unmittelbaren Vorgesetzten und Referatsleiter gut getroffen: Er hatte aus den verschiedenen Stationen seines beruflichen Werdegangs neben jeder Menge Kenntnisse und Erfahrungen auch ein wohltuend unverkrampftes Arbeitsverständnis gewonnen, ließ mich selbstständig arbeiten und begegnete meinen Fortbildungswünschen wohlwollend und uneingeschränkt unterstützend. So konnte ich an verschiedenen Seminaren in Bonn, London und Brüssel teilnehmen.

In London und Brüssel nicht als Privatperson, sondern als »dienstlich Lernende« zu sein, hatte für mich Berufsanfängerin und auch an Lebensjahren junge Frau schon etwas ganz Besonderes. Ich genoss dies auch durchaus als keineswegs selbstverständlichen Luxus. Es war sehr spannend, mit einer Gruppe von Mitarbeitern aus unterschiedlichen Bundesbehörden und verschiedenster Berufsbiografien eine Woche im Ausland zu verbringen und dort gemeinsam fremdsprachige Vorträge zu hören, Besichtigungen durchzuführen, Zusammenkünfte mit Vertretern dort ansässiger Institutionen zu erleben und zu gestalten.

Ja, auch bei der Auswahl der Fortbildungsangebote ging ich wieder nach dem Lustprinzip und nicht nach systematischen, irgendwie planvoll zu nennenden Kriterien vor. Neugierde und Aufgeschlossenheit auch gegenüber Themen und Inhalten, die nicht unmittelbar abgerufen werden, hat sich für mich unabhängig von den Faktoren Interesse und Freude meist bewährt. Oft habe ich an unvorhergesehener Stelle auf entsprechende Erkenntnisse und Erfahrungen zurückgreifen können.

Auch auf Elemente des absolvierten Studiums der Philosophie?

Auf einzelne Elemente eher weniger. Wohl aber auf Grundgedanken, auch Grunderfahrungen. Hat man sich einmal auf die Philosophie eingelassen und von ihr erschüttern lassen, ist man zwar gewiss nicht gleich für alle Zeiten davor gefeit, unbemerkt den Fallen schematisierten Denkens und Vorgehens zu erliegen. Doch vielleicht erkennt man sie, zumindest manchmal, eben doch, oder etwas schneller als andere. Und schafft es hin und wieder sogar noch, einen Blick über den Tellerrand zu werfen. Jedenfalls habe ich das immer wieder als bleibendes Geschenk der Beschäftigung mit Philosophie empfunden.

Angekommen und immer mal wieder umgeschaut – Berufliche Veränderungen

Nach drei Jahren wechselte ich von der Auslandsabteilung in den Stabsbereich des Bundespresseamtes und schrieb für den damaligen Regierungssprecher Hans Klein Rede- und Briefentwürfe. Das Recherchieren und Formulieren gefiel mir ebenso wie die Möglichkeit, die Arbeit des Regierungssprechers aus der Nähe mitzuerleben, aber ich erfuhr das eigentliche Schreiben auch als eher einsames Geschäft und vermisste Zusammenarbeit und Abstimmung mit Kollegen.

So bewarb ich mich – nach dem Weggang von Regierungssprecher »Johnny« Klein ins Präsidium des Deutschen Bundestages – hausintern um eine Referentenstelle beim »Chef von Dienst«. Diese Stabseinheit bereitet in Kooperation mit den Fachministerien die regelmäßigen Regierungspressekonferenzen vor, veröffentlicht Erklärungen und Stellungnahmen der Bundesregierung, ist Ansprechpartner für Journalisten und Bürger und hält nicht zuletzt die Regierungssprecher »auf dem Laufenden«.

Das Auswahlverfahren ging gut für mich aus, und so begann die spannendste und arbeitsintensivste Zeit meines Berufslebens.

Wir arbeiteten in einem Team mit zwei Juristen, einem Historiker und mir unter der Leitung eines weiteren Historikers im Schichtdienst. Das sah so aus: Einer von uns war jeweils der verantwortliche Chef vom Dienst, der jederzeit, auch nachts, für die Nachrichtenzentrale des Bundespresseamtes erreichbar sein musste, um auf Anfragen reagieren und notfalls auch den Regierungssprecher über entscheidende Entwicklungen informieren zu können. Das hieß auch: entscheiden, ob ein Ereignis, eine Entwicklung Anlass ist, ihn nachts aus dem Bett zu klingeln. Als verantwortlicher Chef vom Dienst nahm man auch an der »Morgenlage«, der täglichen Besprechung des Regierungssprechers mit seinen Vertretern und den Leitern der operativen Abteilungen In- und Ausland teil. Mittags hielten wir eine Team-Besprechung, die so genannte »Übergabe« ab, deren Hauptfunktion darin bestand, uns alle auf demselben Informationsstand zu halten und einen möglichst reibungslosen Stabswechsel von einem verantwortlichen Chef vom Dienst zum anderen zu gewährleisten. War nicht gerade jemand von uns auf Dienstreise oder in Urlaub, unterstützte ein »Tagesdienst« den verantwortlichen Chef vom Dienst, was nicht zuletzt schon angesichts der Fülle von telefonischen Anfragen, die oft auf uns einprasselten, geboten war.

Die Arbeit als Chef vom Dienst ist nichts für Menschen, die in erster Linie Fachkompetenz und Expertenstatus anstreben. Dazu lässt sie keine Zeit, weil das Spektrum der Themen und die Geschwindigkeit, mit der sie einander ablösen oder ergänzen, schlicht zu groß ist. Gerade die Themenvielfalt aber, mit der man es zu tun hat, dazu die sehr unterschiedlichen Ansprech- und Kooperationspartner – Fachleute und Pressesprecher aus Bundeskanzleramt und Bundesministerien, in- und ausländische Journalisten, aber auch ganz normale Bürger – gestalten die Arbeit sehr abwechslungsreich. Als besondere Farbtupfer erlebte ich die Dienstreisen.

Was braucht man für so eine Tätigkeit?

Fundierte Kenntnis des deutschen Regierungs-, Verwaltungs- und Rechtssystems sowie innen- und außenpolitisch relevanter Koordinaten und Grunddaten, insgesamt Interesse und Gespür für »Politisches«, und natürlich »Soft Skills« wie Teamfähigkeit, Kommunikationskompetenz und etwas, das mit Flexibilität und Improvisationsgabe zu bezeichnen ist: die Bereitschaft und Fähigkeit, sich ohne große Anlaufschwierigkeiten auf unterschiedliche und unbekannte Personen und Situationen einzustellen – und daran möglichst sogar besonderen Gefallen zu finden. Darüber hinaus sind gute Sprachkenntnisse, vor allem englische, äußerst hilfreich.

Zwei gute (viel lachende) Gründe für eine Pause – 6 ½ Jahre Beurlaubung

All dies war für mich ab März 1993 zunächst weniger gefragt: Nach der Geburt unseres Sohnes stieg ich aus dem Berufsleben aus und kehrte erst nach insgesamt sechseinhalb Jahren Beurlaubung, als unsere Tochter ihre Kindergartenzeit begann, wieder zurück, nun halbtags.

Zu diesem Zeitpunkt, im Juli 1999, stand das Bundespresseamt kurz vor seinem Umzug nach Berlin. Mein Mann war beruflich in Bonn gebunden, und diese überschaubare, fahrradfreundliche Stadt der kurzen Wege gefiel uns als Ort, um unsere kleinen Kinder aufwachsen und selbstständig werden zu lassen. Deshalb hatte ich mich bereits im Erziehungsurlaub beim im Rahmen des Parlaments- und Regierungsumzugs dem Bundespresseamt zugeordneten Tauschpartner, dem Bundesinstitut für Berufsbildung (BIBB), beworben. So kehrte ich nach den Jahren des Elternurlaubs nur für einen guten Monat ins Bundespresseamt zurück und wechselte dann – mit zahlreichen Kollegen – ins BIBB. Dort bin ich nun seit vier Jahren wissenschaftliche Mitarbeiterin im Arbeitsbereich »Personenbezogene Dienstleistungsberufe im Gesundheits- und Sozialbereich«.

»Lebenslanges Lernen« – Beruflicher Neuanfang nach der Familienpause

In der Abteilung, zu der mein Arbeitsbereich gehört, werden vor allem neue Ausbildungsberufe und Weiterbildungsregelungen entwickelt und bestehende Ausbildungsberufe modernisiert. Dies geschieht nach Erkenntnissen der Qualifikationsentwicklungsforschung und in enger Abstimmung mit den Sozialpartnern. Im Rahmen der Umsetzung in die Praxis werden Erläuterungen zu den Aus- und Fortbildungsordnungen erarbeitet sowie berufliche Bildungsgänge und Prüfungsverfahren evaluiert.

Die Umstellung auf die Arbeit in einem Institut, in dem das Selbstverständnis der Mitarbeiter zum Großteil aus den »Gründerjahren« stammte, als das BIBB vor allem ein sozialwissenschaftliches Forschungsinstitut war, gelang nicht im Nu.

Mit der Arbeit in mehrjährigen Forschungsprojekten hatte ich keine Erfahrung. Berufsbildung und Berufsbildungsforschung waren für mich unbekannte Fachgebiete. Wie in Studienzeiten hieß es wieder Einlesen, an

Veranstaltungen teilnehmen, Sich-Schlaumachen auf allen erdenklichen Wegen. Ich suchte nach einem Einstiegsprojekt und fand es thematisch in Qualifikationsentwicklungen und Verberuflichungstendenzen im Bereich Mediation, einem innovativen Tätigkeitsfeld, das weder Berufsbildung noch Berufsbildungsforschung bisher nachdrücklich in ihr Blickfeld gerückt haben. Nebenher galt und gilt es für jeden wissenschaftlichen Mitarbeiter des BIBB, für die berufliche Bildung relevante Entwicklungen und Diskussionen zu verfolgen und sich an arbeitsbereichs- und institutsbezogenen Aufgaben und Veranstaltungen zu beteiligen.

Seit Abschluss meines Mediationsprojektes arbeite ich in einem Beratungs- und Evaluationsprojekt zur integrierten Ausbildung von Kranken- und Altenpflege in Brandenburg. Inhalt und Aufgaben dieses Projektes bedeuten für mich wieder Neuland. Ich habe weder quantitative noch qualitative Sozialforschung gelernt. So gestaltet sich meine Mitarbeit in diesem Projekt (wie vieles meiner bisherigen Arbeit im BIBB) für mich selbst zu einem nicht geringen Teil als eine Art Fortbildung. Sozialkompetenzen sind bei der Zusammenarbeit in der Gruppe und mit den Kooperationspartnern in Brandenburg natürlich auch wieder gefragt, wie wohl an jeder Stelle, die nicht eine reine Einzelkämpferposition darstellt.

Was mich aus meiner Sicht für meine jetzige Tätigkeit empfohlen hat? Herzlich wenig. Dass ich im BIBB gelandet bin, verdankt sich dem Zufall, dass Bundespresseamt und Bundesinstitut für Berufsbildung im Rahmen des Parlaments- und Regierungsumzugs von Bonn nach Berlin zu Tauschpartnern auserkoren wurden. Meine Studienfächer, das Thema meiner Magisterarbeit, all dies ist im BIBB von wenig konkretem Nutzen.

Wo komme ich her, wo bin ich jetzt, wo will ich hin? Zwischenbilanz mit 42

Haben sich meine Erwartungen an Karriere und berufliches Weiterkommen erfüllt? Haben sich Ziele und Werte verändert? Welche langfristigen Ziele und Wünsche habe ich heute?

So wenig ich vor und nach meinem Studium über eine konkrete Berufsvorstellung verfügte, sosehr mangelt es mir auch jetzt an konkreten Erwartungen bezüglich dessen, was wohl Karriere meint. Das bedeutete einerseits eine fehlende klare Berufsperspektive und entsprechende Orientierungslosigkeit, andererseits aber auch eine gewisse Offenheit gegenüber allen möglichen vorstellbaren Tätigkeiten. Im Rückblick hat sich vieles für mich ungeplant sehr günstig gefügt.

Wahrscheinlich muss jeder für sich selbst herausfinden, welcher Weg für ihn der richtige ist. Mag es für den einen angemessen sein, ein klar umrissenes Berufsprofil konsequent und unbeirrt anzustreben, so verlief mein Berufsweg gerade nicht gesteuert, aber dennoch für mich sehr befriedigend. Wo keine konkreten Erwartungen waren, drohten natürlich auch keine (konkreten) Enttäuschungen. Eine Prise (altmodisches?) Gottvertrauen und dazu eine Portion Selbstvertrauen haben immer wieder geholfen, Neues als Chance und nicht als Bedrohung zu sehen. Was nicht den Eindruck erwecken soll, mein bisheriger beruflicher Werdegang sei ein einziger Traumritt gewesen.

Ziele und Werte haben sich vor allem durch meine beiden Kinder verändert. Zum einen nimmt meine berufliche Tätigkeit durch sie weniger Zeit (und Raum) in meinem Leben ein, was auch bedeutet, im Beruf Abstriche machen zu müssen. Zum anderen gewähren sie mir eine oft wohltuende Distanz zu meiner Arbeit. Distanz nicht im Sinne von Desinteresse oder mangelndem Engagement, sondern als Rückkopplung an eine Welt jenseits drohender »Betriebsblindheit«.

Kinder haben ja die unvergleichliche zweischneidige Gabe, einen immer wieder in die Wirklichkeit zurückzuholen. Sie gestatten es eben einfach nicht, Bodenhaftung zu verlieren. Das tut Not und gut, in jedem Arbeitsprozess. Das Zusammenleben mit ihnen bringt zwangsläufig viele Lebensbereiche und Sichtweisen nahe, die sonst allzu leicht aus dem Blick gerieten. Andererseits gilt zumindest für mich auch, dass eben dieses Zusammenleben und Tragen von Verantwortung meinem beruflichen Einsatz klare Grenzen setzt, konkret etwa bei Überstunden oder Dienstreisen.

Langfristige Ziele und Wünsche? Auch hier wieder: keine konkreten.

Weiterhin mit offenen Augen und Ohren – im Vertrauen auf glückliche Fügungen und mit der Überzeugung, dass (zumindest für mich) nicht alles planbar ist, aber Türen, an denen man vorbeikommt, auch zum Öffnen und Betreten unbekannter Räume da sind – durch Leben und Berufsleben wandern. Sackgassen erkennen und nicht mit vorübergehend steinigem Gelände verwechseln. Und umgekehrt. Möge es interessant bleiben.

Das Studium der Philosophie hat mir für diesen meinen Weg allerlei Rüstzeug mitgegeben. Wie es gewiss auch andere Wege hilfreich begleitet und richtungsweisend führt.

LITERATURHINWEISE

Ein Vorwort zum Literaturverzeichnis? Nein, eine Anmerkung. Es war nicht mein Ziel, eine Liste wichtiger philosophischer Literatur anzubieten. Jedes Buchgeschäft kann das, auch das Internet. Dies ist eine kleine Sammlung kompetenter Quellen, die Berufsfelder und/oder wichtige Kontaktquellen für Philosophen (und andere) erschließen helfen.

Literaturauswahl

Richard Nelson Bolles: Durchstarten zum Traumjob. Das Handbuch für Ein-, Um- und Aufsteiger. Deutschsprachige Bearbeitung von M. Leitner. Campus Verlag, Frankfurt 2002. *Das ultimative Buch für die strategische Vorbereitung der Platzierung am Markt.*

Doris Brenner: Neue Mitarbeiter suchen – auswählen – einstellen. Luchterhand/Wolters Kluwer Deutschland GmbH, 2003. *Ein interessanter Blick durch die Brille des Arbeitgebers.*

Doris und Frank Brenner, Birgit Giesen: Individuell bewerben. Staufenbiel Institut für Studien- und Berufsplanung GmbH, 4. Auflage 2002. *Einer der wenigen guten Ratgeber in der Flut der Bewerbungshandbücher.*

Peter Jüde: Berufsplanung für Geistes- und Sozialwissenschaftler. Staufenbiel Institut für Studien- und Berufsplanung GmbH, 1. Auflage 1999. *Das Standardwerk für Geistes- und Sozialwissenschaftler.*

Präsentation Beschäftigungsmöglichkeiten für Geisteswissenschaftler. Arbeitsmarkt-Informationsservice (AMS) der Zentralstelle für Arbeitsvermittlung (ZAV), Bonn, Leipzig 2004. Der AMS gibt auch **Informationsschriften** zu Besonderheiten des Arbeitsmarkts für Akademiker (u. a. **Neue Formen der Arbeit, Internationalisierung der Arbeitsmärkte, Studium und Arbeitsmarkt**) heraus, die für ihre Platzierung wichtige Erkenntnisse festhalten. Kostenloser Bezug: ZAV, Villemombler Str. 76, 53123 Bonn, Stichwort: AMS.

Special: Studienabschlüsse. Quo vadis? Jenseits von Diplom, Magister und Staatsexamen. In: uni Magazin, Heft 4/2003, S. 22ff. Hrsg. Bundesagentur für Arbeit. *Studienabschlüsse und ihre Bedeutung für die berufliche Karriere.*

Albert Oeckl: Taschenbuch des Öffentlichen Lebens – Deutschland 2004. Festland-Verlag Bonn, 2003. *Adressen von öffentlichen Institutionen, Kammern, Berufsverbänden usw. Unverzichtbar!*

Kontaktadressen und Tipps im Internet

Information Philosophie im Internet. http://www.information-philosophie.de. *Kostenlose Nachrichtenbriefe zu philosophischen Themen.*

Verwertungsgesellschaft WORT, Rechtsfähiger Verein Kraft Verleihung. vgw@wort.de Interessenvertretung für Autoren und Herausgeber. *Wichtig für alle Veröffentlichungen.*

Philosophische Stellen und Jobs. http://philos.de/Institutionen/PhilosophieJobs.html. *Berufsfelder, Stellen- und Jobangebote für Philosophen in Deutschland und im Ausland.*

Bundesagentur für Arbeit: Homepage der BA mit **Stellenbörse (arbeitsagentur.de)** und **Datenbanken** zu Studien- und Bildungsmöglichkeiten **(KURS)** sowie Informationen über Berufe und berufliche Entwicklungen **(BERUFEnet)**: http://www.arbeitsagentur.de.

Bei weiteren Fragen sowie Anregungen wenden Sie sich bitte an den Herausgeber: Helge.Klausener@arbeitsagentur.de.